Idea man

Ideaman

Idea man

一流、二流、三流的表達術

不論對象是誰，都能讓人了解並產生共鳴的45個訣竅

説明の一流、二流、三流

話術專家・日本能力開發推進協會上級心理諮商師
桐生稔——著
李貞慧——譯

前言

■我的說明跟小學生一樣

以前主管問我「為什麼？」時，我只答得出「呃，就覺得……」；主管問我「商談進行得如何了？」，我也只會說「還好……」然後就被罵了。

開會時我無法流暢地說出自己的想法，常常說到一半就被人打斷：「你到底想說什麼？」

我十分不擅長說明商品，也曾經開始商談不到五分鐘，客戶就說「我們會考慮的。」鎩羽而歸。

我還被貶職過，真的很沒用。

不過我很幸運。

因為我周遭有許多很棒的同事，還有得到全國第一名的主管。我任職的上市公司員工人數高達兩千名，而我周遭的人就是其中最出類拔萃的人材。

他們腦筋動得很快，只要幾十秒鐘就能精準說明，讓商談繼續下去，而且還能吸引聽眾，讓人不知不覺就信服了。

這簡直就跟魔法一樣。

我努力模仿這些精英的表現，不知不覺間我竟然也成為全國第一了。

而且我還升任管理職，管理三百五十名員工。

現在我經營一家商業學校，專門傳授「讓人了解的說話方法」，觸角遍及全日本。

■這是一本讓你能擁有一流說明能力的書

任何業界都有一流人材。

商界當然也不例外。

至今我已經舉辦過一萬場以讓人了解的說明方法為主題的講座。我真的也因此有緣見到許多商務人士。

長期舉辦講座和研習，每一百人就會遇到一位極度擅長說明的人。

「我先說結論吧。」

「我給大家看看具體根據吧。」

「我將重點整理成三點。」

這些人的厲害之處不僅僅如此，他們還有更上一層樓的巧思。

本書將一流人材的說明方法全部化為文字。

說明的流程是「三流的人這麼說，二流的人這麼說，一流的人怎麼說？」

而且我也準備了具體答案，讓每個人都能輕鬆學會一流說明。我相信讀者們一定也可以學得很快樂。

只要提升說明能力，你的溝通能力一定可以隨之提升。

不再因為氣氛尷尬而難堪，可以確實說出自己想說的話。更重要的是工作可以做出成果。

很不擅長說明的人，自己都不知道自己在說些什麼的人，常被人吐槽「所以你的結論到底是什麼？」的人，請你們放心。

只要實踐本書內容，你一定可以突飛猛進到可以教別人的程度。

因為連說明很爛，業務績效墊底的我，現在都能經營「讓人了解的說明方法學校」了，所以大家完全不用擔心努力或才能的因素。單純就有一種方法論，可以讓人的說明變得巧妙。

本書濃縮了一萬場讓人了解的說明方法講座的精華，一定可以成為提高說明能力的指南。

請大家充分體會巧妙說明帶來的力量。

我們就立刻開始吧！

桐生稔

目次

CHAPTER

2 說明的結構

CHAPTER 3

增加說服力的說明

CHAPTER

4 簡報和在人前說明

CHAPTER

5 遠距、電子郵件的說明

CHAPTER

6 成為說明達人的心得

CHAPTER

1

極容易讓人了解的說明

整理
說話內容

三流的人想到什麼說什麼，二流的人不遺漏也不重複地說，一流的人怎麼說？

你有聽過「MECE」嗎？

這是邏輯思考世界的常用單字，意思是「不重複不遺漏」，也就是相互獨立並且互無遺漏。

舉例來說，假設要在全日本四十七個都道府縣做市場調查。但結果只調查了四十五個都道府縣，那就表示有兩個都道府縣被遺漏了。

如果是分年齡層的調查，分成十多歲、二十多歲、三十多歲、四十多歲、年輕族群的話，年輕族群這一組可能涵蓋到其他年齡層。這就是重複。

當有遺漏或重複時，就缺乏可信度，會讓人懷疑「這份資料真的對嗎？」所以說明時不重複不遺漏，是一件很重要的事。

然而**「不重複不遺漏地整理」跟「不重複不遺漏地說明」，可是截然不同的兩件事。**

例如面試時的自我介紹，如果說「我的特色就是傳達時不重複、不遺漏，可以給我十五分鐘左右的時間嗎？」這麼冗長的自我介紹，面試時一定會被刷下來。

在餐廳詢問店員「你推薦哪支葡萄酒？」結果店員試圖從架上第一支酒開始介紹到最後一支……你一定會覺得「我又不想知道那麼多」。

可能有人會覺得「沒有這種人吧？」然而到了工作場合，的確有不少人說明時想從頭到尾完整地說。

真正重要的事，其實是不重複也不遺漏地整理之後，「大膽地刪減」。

以明年度事業計畫的說明為例：

「明年度事業部預算為○○日圓。」

這種內容看資料就知道了，與會人員最想知道的是「如何實現」。

所以說明時要聚焦在最重要的部分，「有關明年度的事業計畫，今天我要針對實現方法來說明」。

如果是研究結果發表，就可以說「本次研究有什麼發現、會如何改變本公司的未來，這次發表將有明確的說明。」

聚焦在真正想傳達的事情上，不重複不遺漏地整理不過是基本要求。做到了基本要求，還要聚焦在真正的重點上，這才是一流人材的說明。

無法大膽地刪減時，請試著事前這樣問自己：

「如果說明時間只有十秒鐘的話……」

「如果要用一行來說明的話……」

到底要傳達什麼呢？這個答案就是重點。

演講時沒有講師會說「今天我要跟大家介紹從零歲到五十歲的我」。通常講師都有**一個強烈的訊息，「這一點無論如何都要說清楚」。**

正因為大膽地刪除，才能傳達到聽眾耳朵，成為他們的記憶。

「不重複不遺漏地整理，然後大膽地刪減」。

請大家務必培養刪減的勇氣。

一流的說明表達

一流的人
會大膽地刪減，
說明時只聚焦在
真正的重點上。

聚焦在真正想傳達的事情上。

對無法想像的人說明

三流的人說得曖昧，二流的人說得仔細又冗長，一流的人怎麼說？

「什麼是虛擬貨幣？」

聽到別人這麼問，你心裡會嚇一跳吧。雖然聽過這個名詞，但要叫你說明卻又很難說明。

就算有人告訴你：「所謂虛擬貨幣，就是購物或接受勞務服務時，可用來和不特定人士互相交換，具有財產價值，可透過電子資訊處理組織移轉的東西。」你應該還是丈二金剛摸不著頭腦吧。

其實當對方無法想像時，一流人材有一種常用的說明技巧，那就是「對比」。**不是詳盡說明，而是和其他東西比較。**假設和法定貨幣來比較（※所謂法定貨幣就是大家每天使用的紙幣、貨幣）：

項目	法定貨幣	虛擬貨幣
名稱	日圓、美金	比特幣、乙太幣
實體	有	網路上的錢，沒有實體
攜帶性	可隨身攜帶	不需要攜帶
購物	只要是發行國家，到處可用	可在接受虛擬貨幣的商家使用
使用方法	可直接使用	將法定貨幣換成虛擬貨幣即可使用

雖然可以說明的內容還有很多，但對於無法想像的人來說，說到這個程度他們大致就可以理解了。

再舉一個簡單一點的例子：

「這種保健食品可攝取到二十公克的膳食纖維。」

光這麼說大家應該也不知道這樣是好還是不好吧，所以我們可以這麼說：

「一條地瓜可以攝取到五公克的膳食纖維，而這種保健食品一次就能攝取到二十公克。」

這就是用地瓜來做對比。

對小孩說「飯要吃乾淨！」這樣可能沒什麼用，不如這麼說：

「聽說全球每十個人就有一個人沒飯吃，因為營養不良而生病，有飯吃真的很幸福耶！」

像這樣用全世界來做對比。

說明商品時還可以用Before→After來做對比。

「過去的應用程式頂多給十萬人使用，但是這次開發的應用程式可以給一百萬人使用。」

「十萬人↓一百萬人」的前後對比，即使無法想像的人也能很快理解到厲害之處。

當對方無法想像時，你心中可能會浮現「我要再說得更具體一點才行！」的想法。不過請等一下！請先試著和其他東西做個比較，這樣會讓人更容易想像。當人類無法想像時，就動不起來。這個道理和在黑暗中行走一樣，因為不安所以不懂。反之當人類可以想像時，就可以付諸行動。而要實現這一點，就可以藉助對比的力量。

一流的說明表達

一流的人
用「對比」來說明。

✔

比較可以帶來更明確的印象。

對沒有相關知識的人說明

三流的人不會說，二流的人仔細說，一流的人怎麼說？

還有一種和對比相反的手法，那就是「類比」。

所謂類比，就是和相似的東西做比較。這種手法和對比一樣，可讓人更容易理解。

不知大家有沒有聽過「打賞系統」？

這種系統就是一般人利用影片App等直播自己說話時的樣子，觀眾如果覺得「這個人不錯」，就可以用信用卡打賞。現在在年輕人之間很流行。

你要向不知道的人說明這個系統時，「你就安裝○○應用程式，註冊帳號，用PayPal結帳……」

當你說到這裡時，聽的人大概頭就昏了，這時就是類比登場的時機了。「不是常有人在藝人的晚餐秀上給藝人打賞嗎？一樣的意思啦！」

如何？這樣說是不是比較能讓不知道「打賞系統」的人了解？

類比就是「譬喻」。知名演講者、知名簡報者、很多人訂閱的YouTuber，都很常使用譬喻手法。請大家務必看一次很容易聽懂他在說什麼的YouTuber的頻道，你一定會被大量的譬喻嚇到。

有一個好方法可以開啟用譬喻說明的大門，那就是用「舉例來說……」當開場白。

對沒有相關知識的人說明時，在進入具體內容如「我開發了雲端運算系統，我來跟大家說明一下它的規格」之前，先用類似的東西來譬喻，「所謂雲端運算系統，舉例來說，就像是任何人都可以隨時取出東西的『抽屜』一樣。」

類比其實就是幾乎相等的關係，可以用A≒B的公式來表示。想傳達A，就在公式中放入類似的B，這樣就可以了。

舉例來說，有人問你「你知道亞塞拜然的巴庫嗎？」我想你應該也是一頭霧水吧。

亞塞拜然是一個國家，巴庫是這個國家的首都，是一個有十五世紀建造的高雅宮殿，同時也有高樓大廈的近代大都市。

A「亞塞拜然的巴庫」≒B「京都的高雅＋東京的發展」

「如果要譬喻的話，亞塞拜然的巴庫就像是京都和東京的綜合體。」

這麼說的話，不知道的人應該也可以有一個大略的印象了。

人類十分喜歡簡單明瞭的東西，這種習性稱為**「認知輕鬆度」**（Cognitive Ease）。

所謂認知輕鬆度，就是對容易懂、容易看、容易了解的東西有好感。不用想太多，所以不會造成大腦的負擔。

反之需要花時間理解的東西，會給大腦壓力。顧慮到對方大腦的負擔，這才是一流人材的說明。

一流的說明表達

一流的人
用「類比」來說明。

✔

用「舉例來說」的開場白，提示A≒B。

資訊傳達的方法

三流的人不會整理資訊，二流的人用一個象限說明，一流的人怎麼說？

我對數學沒輒。但等到長大後，我發現數學非常有用，特別是「說明」時，運用高中數學學過的「象限」更能發揮效果。

所謂象限，簡單來說就是「分成四區」。數學常用X軸和Y軸將圖形分成四個部分，這種手法可以幫助說明。

舉例來說，假設你要說明「運動量越多的學生，考試成績有越高的趨勢」。

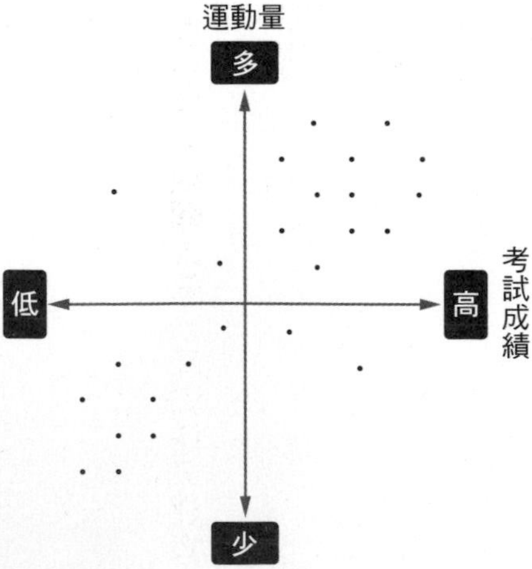

此時光說「運動量越多的學生，考試成績有越高的趨勢」，好像總缺了一點什麼。不妨用右頁的圖來表現：

與其只看一個結論（一個象限），不如用四個區塊（四個象限）來說明，對方更容易理解。

用四個區塊來說明時，分成以下兩個步驟：

步驟一：劃一條直線和一條橫線。
步驟二：縱軸・橫軸各放入看來互相對立的要素。

以要說明展店預定地為例：

假設調查了競爭對手公司狀況後，得出如下頁的圖。於是發現雖然離車站近，但並不表示來客數就會成長。因此你就可以說「離車站有點距離，但地價便宜的地方，還是很有勝算」。

如果是商品提案，縱軸・橫軸的要素就可以放上「供給與價格」、「成本與品質」、「稀少性與價值」等。

如果要決定工作的優先順序，就放上「緊急與重要」。

這就是極為出名的《與成功有約：高效能人士的七個習慣》（*The 7 Habits of Highly Effective People*，史蒂芬・柯維〔Stephen R. Covey〕著）的內容。

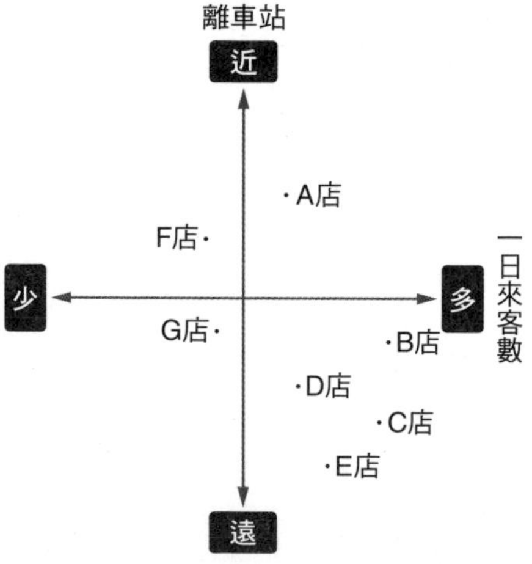

只看一個象限，視野十分狹隘。然而利用四個象限可以看到和其他部分的差異，突顯出想傳達的內容，更容易說明。

整理資訊進行說明時，講究如何給對方看，這才是一流人材的說明。

一流的說明表達

一流的人用四個象限說明。

✔

運用看來對立的要素。

說明的詳細程度

三流的人說得籠統讓人聽不懂，二流的人說得太多很煩人，一流的人怎麼說？

「我明明說明了，最後卻拿到一份與預期不同的東西。」

你是不是也有過這種經驗？

例如明明叫下屬「字體請再放大一點」，結果還是很小；或是提醒下屬「這次的提案書要做得比平常厚一點」，結果還是很薄等等。

對於一句話的解釋，你的解釋和他的解釋不一定相同。

可是如果想得到完全一致的解釋，又必須鉅細靡遺地說明。

比方說請下屬編製資料時，如果每次都要這樣說明：「PPT的投影片大小每張要長十九．五公分，寬二十五．四公分。總共約二十五到三十張。釘書針釘在左上角兩公分的地方……」這也實在太麻煩。

說明太少無法傳達自己的意思，說明太多又很煩，要抓這個平衡很難。到底應該怎麼做才好呢？

用一句話來說，就是「共同體驗」。

例如有人跟你說「雲端型數位行銷」，你會知道他在說什麼嗎？

我不知道。但有人會知道，也就是平常就利用雲端工作的人，或者是曾用過群眾募資的人。

如果是過去曾一起工作過的人，你只要說「字體再小一點」他就懂了，但沒有共同工作經驗的人，大概聽不懂你在說什麼。

這一點其實很有趣，並不是在同一家公司工作，或是在同一個業界，就可以了解對方在說什麼。而是**有共同體驗就聽得懂，沒有就聽不懂。**

舉例來說，即使是同一家公司的同事，對新進員工就要鉅細靡遺地說明。然而等到他經驗越來越多，共同體驗也多了，就不再需要說明了。

反之，就算不是同業，對人力派遣公司的人說勞動話題，他也聽得懂；對保險業務員說投資話題，也可以通。

所以到底要說明到什麼程度？那就要看你和對方的共同體驗來決定了。

如果你產生「怎麼這樣說你還不懂？」、「一般說〇〇不就是〇〇嗎！」的想法，那就表示你只根據自己的體驗在說明。對對方來說那是他不懂的事，也不是一般常識。

反之仔仔細細地說明對方已經懂的事，就會出現「這我早知道了」、「你快點說下一步好嗎」、「真煩」的結果。這就表示你的說明並未掌握對方的體驗。

傳接球時要確認對方的熟練程度。對高中球員投的球，和對一個門外漢投的球，當然不一樣。然而在日常會話時，卻有人不掌握對方的程度，一下就投出強有力的直球，對方接不住也是理所當然的事。

說明前要先掌握對方的程度。所以要抱持著好奇心去了解對方，具體地詢問對方。然後從這些線索中去發掘雙方的共同體驗，調整說明程度。

一流人材說明時，會經常提醒自己要配合對方的程度。請大家務必去摸索自己和對方有哪些共同體驗。

一流的說明表達

一流的人
配合共同體驗程度
進行說明。

✔

掌握對方的知識量。

用數字說明

三流的人憑感覺說明，二流的人用具體數字說明，一流的人怎麼說？

「看到數字就頭痛……」你是不是也曾有這種想法？

我也很怕數字，所以我很了解這種感覺。

但用數字說明能增加說服力，這也是事實。

與其說「顧客的風評很好」，不如說「問卷調查顯示百分之八十二．五的顧客認為『非常好』」，這樣更有說服力。

「相當於五個東京巨蛋大」、「我想市占率應該可以衝到百分之十」等等，很自然地說出數字的人，看起來就很聰明。

所以許多書籍才會再三強調要「用數字說明」。

不過一流人材可不會在這裡止步，他們會「用兩個數字」。

以下就是幾個例子：

「這次實驗出現三個錯誤，占全體百分之二。我想這是可以接受的範圍，所以請簽字放行吧！」

三個錯誤這個數字，因為有全體百分之二的襯托，才能讓人判斷是好是壞。

「本年度的營收目標達成率為百分之一百零二。然而與去年度相比，達成率為百分之九十八。這是因為……」

經營者通常很在意和去年度比較的結果，因為他們看重成長更甚於單純的營收。因此必須有本年度和去年度的兩個數字。

像這樣**用數字說明時，再加入一個可以當成基準的數字。**這麼一來，你的說明就更容易讓人了解了。

或許有人擔心，「我本來就很怕數字了，還叫我要用兩個……」

不過用數字表現的能力，其實可以熟能生巧。

比方說假設電視新聞報導「這次民調結果顯示百分之六十五的人反對」，那這個數字的基準數字呢？

對，就是母數。到底問卷總共發給多少人？一百人還是一萬人？這會影響問卷的可信度。

食品常會標示營養成分數字。某超商有一項商品標示著「冷凍地瓜一百公克一百六十大卡」。

但仔細一看，這項商品的重量為一百六十公克，也就相當於二百五十六大卡。可知它的熱量為飯糰的一．三倍。

不要只看一個數字，而是加入另一個數字再做判斷。持續這樣練習，自然就會越來越熟悉日常隨處可見的數字。

我來做個整理。

用數字說明時，必須再加入一個可當成基準的數字，兩個一組為標準組合。只要能用數字溝通，你的說明能力一定會有突飛猛進的提升。

一流的說明表達

一流的人用兩個數字說明。

✔

除了要傳達的數字外，
再加入一個當成基準的數字。

彙整成一句話

三流的人不會彙整，說得冗長，二流的人不知所以然地彙整，一流的人怎麼彙整？

常有人來找我諮商，「我很不擅長彙整成一句話……」

過去我也有一樣的煩惱。有人問我「這個企劃案的重點是？」我想具體說明，結果又被追問「所以到底重點在哪裡？」

想具體回答別人的問題卻又被罵，一開始我不懂為什麼會這樣。但等到我知道「彙整成一句話」的真正意義後，這個謎題就被我解開了。其實**彙整成一句話是和「具體」相反的行為。**

我來為大家解說。比方說「我喜歡銅鑼燒，喜歡大福麻糬，喜歡羊羹，喜歡巧克力」。彙整成一句話就是「我喜歡甜食」。

「我從以前開始就很喜歡棒球、足球、網球和跑步」。這句話用一句話來表達，就是「我喜歡運動」。

懂了嗎？其實**彙整成一句話，就是要「抽象化」**。

一流人材可以快速地找出「用一句話來說的話？」這是因為他們知道抽象化的步驟。其實這一點兒也不困難，只需要兩個步驟就夠了。

步驟一：排列具體的項目。

步驟二：找出共通點。

假設你要為一項商品命名。商品名稱正是排列商品的具體要素，找出共通點，然後用一句話表達的典型表現。

現在這裡有一條長崎蛋糕。

首先要找出具體要素。「原料使用專門的雞蛋，口味馥郁有深度」、「使用國產蜂蜜，風味濃醇」、「做一條要花一個小時」、「一天限量銷售八條」、「定價一萬日圓」。看起來真的是一條很厲害的長崎蛋糕。

接下來是步驟二，就是要找出共通點。材料、勞力、價格都是頂規。

既然如此，用一句話來表示這項商品，就可以命名為「長崎蛋糕之王」等。

如果有人問你「這個企劃案最主要的重點是？」

步驟一：排列具體的項目→「業界首見」、「利基市場」、「獨家開發」。

步驟二：找出共通點→「第一次的嘗試」。

根據步驟一和步驟二的發現，就可以用一句話來回答：「挑戰沒人做到過的事」。

沒有人能突如其來地用一句話彙整某件事。先用步驟一排列具體的項目，再用步驟二找出共通點，然後自然會看出用來回答的一句話。

熟練之後，步驟一、二就會變得異常地快。熟能生巧之後，自然會養成抽象化的習慣。到了這個境界，不論別人問你什麼，你都可以立刻用一句話彙整出答案。

「由具體到抽象」，就把這句話當成是彙整成一句話的暗號吧。

一流的說明表達

一流的人抽象化之後彙整。

排列具體項目，找出共通點。

說明步驟時

三流的人口頭說明，
二流的人用厚厚的資料說明，
一流的人怎麼說？

每次買家電產品，都會拿到一本厚厚的使用手冊吧，你會翻開來看嗎？我是不會翻開來看的，一拿到手就不想翻開了。

話是這麼說，但我二十多歲上班時，曾經為了統一公司的操作步驟而編製程序書。

為了那本程序書，我花了足足三個月的時間，我本以為大家一定很高興，結果根本沒人要看。現在想想這其實很正常，滿滿都是字的文章竟然有五百頁，沒人想看也是理所當然的事。

平常自己根本不會去翻閱使用手冊或程序書，結果自己編製時，卻自以為有人會翻閱，這是一次慘痛的經驗。

所謂程序書，就是彙整作業工程的文書，也是公司的常見文件。

例如系統規格書、專案推動方法、〇〇手冊等等的文件。

一流人材如何編製並說明程序書呢？

答案就是**「圖解」**。只有文字的文件沒人想翻開來看。**用圖解來表達，才會有人翻開來看。**

大家可以試著看看下圖，猜猜這是誰的故事？如何？很簡單吧（笑）。這就是眾所周知的桃太郎的故事。桃太郎的書一本大約五十頁左右，用圖解來說明過程的話，就像下圖一樣。我想這張圖就足以對不知道的人說明故事了。

比起細節文字，用圖大致說明更容易讓人了解。

「用圖解表示，有如讓人看一張畫一樣」。

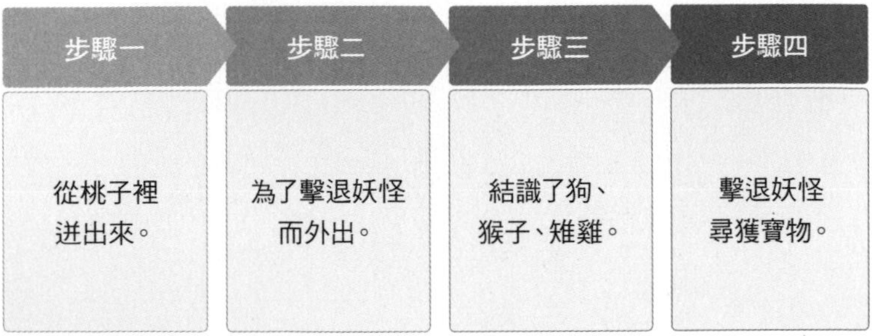

一流人材是用視覺呈現的天才。與其讀文章，不如用視覺認識，這樣資訊處理的速度更快。

比方說如果你要用文字說明笑著的狀態，必須用很多字。

「現在我的嘴角上揚，看得到我的牙齒，眼尾下垂……」。如果在ＬＩＮＥ上發出這一長串文字，一定會被人討厭吧（笑）。所以才要用表情符號。

最後我要告訴大家用圖解說明時的重點。

用一句話來說，就是**先從圖開始畫，換個角度來說，就是不要從字開始寫。**

首先寫下程序、流程、步驟等框架，然後再填入文字。先寫出框架再填入細節，就像是畫家在畫人物時的步驟一樣。畫家不會一開始就從鼻子畫起，而是會先描繪輪廓，決定各個元件的位置，然後才開始描繪細節。

請大家務必利用這個機會，好好看一下公司內部。你一定會很驚訝地發現竟然有這麼多資料都只有文字。

一流的說明表達

一流的人用圖解說明。

用視覺傳達資訊。

CHAPTER

2

說明的結構

適當的說明時間

三流的人茫然地設定時間，二流的人依說明份量來設定時間，一流的人怎麼設定時間？

你在說明時會如何設定說明的時間呢？

是茫茫然地設定？還是依說明份量去設定？

一流人材會先看準對方能接受的時間，也就是**「他會給我多少時間說明」**。

舉例來說有個第一次見面的人，突然對著你做了五分鐘甚至十分鐘的自我介紹，你聽著聽著就會覺得煩了吧。自我介紹可以接受的長度大概就是一分鐘左右。

明明就沒什麼時間，希望儘快進入主題，可是對方卻一直閒聊。參加這種會議時你會有什麼反應？可能會越來越焦躁吧。

明明說只要十分鐘，所以你就把時間空出來了，可是業務員卻開始介紹自家公司的歷史，又臭又長，這種商談一定會失敗。

這些狀況都是因為未能掌握對方能接受的時間而發生的問題。

有三種簡單的方法可以避免這些問題發生：

① 直截了當地問

直接開口確認「請問您今天可以給我一小時左右的時間嗎？」、「可以借用您十分鐘左右的時間嗎？」

「我知道了！」這種回答就表示對方有時間。如果回答是「呃……我知道了……」就表示對方可能不太有時間。所以先主動開口問，以掌握對方的時間。

② 觀察

有時候想問也不能這麼直白地問，此時就只能「貫徹觀察」，也就是去感受對方可以接受的時間。只要說一句「今天天氣很好耶」，聽聽對方的反應，大概就知道對方喜不喜歡閒聊了。當對方看來不太有時間時，你直接切入正題提綱挈領地說明，對方應該會很高興。

看來坐立不安的人，可能後面還有很多行程。

利用第一次接觸時的氣氛、表情、動作等，觀察並掌握對方可以接受的時間。

③先提示

不過有時候「無論如何就是需要這麼多時間去說明」，此時就先提示你需要的時間吧。「今天我需要占用您六十分鐘的時間，我有對〇〇來說極為重要的事，要向您報告。」事先知道需要多少時間，對方也會比較放心。如果還能說明需要這些時間的理由更好。

說明前要先掌握對方可以接受的時間，知道「我有多少時間可用？」，這也證明你可以站在對方立場溝通，會獲得對方信任。

反之就是自我中心的溝通。用自己的基準設定說明時間的人，在如此設定的當下就會被認為是一個不貼心的人，還沒說明就被判出局了。

確實將自己會為對方著想的態度傳達給對方。配合對方的溝通，才是晉升一流人材的成功之道。

一流的說明表達

一流的人
會設定對方
可以接受的時間。

✔

掌握對方容許說明的時間。

說明的準備

三流的人由過程開始想，二流的人由結論開始想，一流的人從什麼開始想？

雖然很突然，但我現在要問大家一個問題。請問在網路上搜尋「從結論開始說」，會得到幾件搜尋結果？

答案竟然高達一千萬件。「簡報會更順利」有六百萬件，「讓人了解的說話方法」有四百萬件，可見得很多人都希望自己「能從結論說起」。

與其像裹腳布一樣冗長地說明，從結論開始說起，的確可以讓對方更容易了解，也可以明確突顯出你想說的內容。

但是從結論開始說，真的就可以說是高明的說明嗎？

有人問「前幾天拜託你的資料做好了嗎？」時，你就必須立刻先回答結論「做好了」或者是「還沒做好」。如果主管問你業績達成狀況，你也應該從結論開始回答「現狀是〇〇」。

然而如果下屬突然對你說「明天起我下午三點下班」呢？

你突然這樣說是要我怎麼辦啊……。這種時候在說結論之前，一般人都會想先知道原因吧。

也就是說，是否要從結論開始說，會因狀況而異。

一般人只想聽自己想聽的事。這是真心話。因為收集太多無用的資訊，可能會讓人錯失活下去的重要資訊。

一流人材在說明時，會從哪裡開始呢？

一流人材會先想像對方腦海中的狀態。

例如業績達成狀況、商談結果、拜託對方做的事的進度等，有明確的YES、NO的問題，就想先聽結論。反之必須知道前提和背景的問題，與其一下子就聽結論，應該會想先聽聽細節吧。

對於平常口頭禪就是「所以結論是？」的人，就從結論先說起。

對於口頭禪是「你的根據是?」的人，就要先說明根據再說結論。

當別人來找你諮商時，絕對不能馬馬虎虎地下結論。因為對方要的通常都不是結論。你應該先傾聽對方的話，如果對方希望你提供建議，你才告訴他結論「我覺得這樣做比較好」。

「想像對方腦海中的狀態」，乍聽之下好像很難。此時請大家先想想「現在對方腦海中，是以下三種狀態中的哪一種?」

①想先知道結論;
②想先知道前提、背景、根據等細節;
③還不要求結論(想要你聽他說的話)。

一定有一種狀態符合對方目前的想法。

所謂說明就是要簡單明瞭地解答。對誰解答呢?那當然是對「對方」。能夠想像對方腦海中的狀態，才表示你站在說明的起點了。

一流的說明表達

一流的人
從對方的腦海開始想。

傳達方式會因對方而異。

演繹法

三流的人的說明狗屁不通，二流的人重視事實導出結論，一流的人重視什麼？

我常聽人說「我想要說得有邏輯」。所謂邏輯，簡單來說就是「說話的條理」。有一個很出名的例子就是「人總有一天會死」→「蘇格拉底是人」→「蘇格拉底總有一天會死」。這個說法十分有條理。這種方法稱為**「演繹法」**，也就是由相當於前提的事實去導出結論的方法。

以下就是一個範例：

【前提】不遲到的人值得信任。
【事實】田中先生從未遲到過。
【結論】所以田中先生值得信任。

【前提】↓【事實】↓【結論】的說法，讓人覺得很有條理。

然而演繹法有一個嚴重的缺點，也就是「如果前提是錯的，邏輯就有破綻」。

以前面的例子來說，【前提】「不遲到的人值得信任」是真的嗎？

有些人會遲到，但仍是值得信任的人。有些社長每次開會一定遲到，但我想其中很多社長仍信譽卓著。說到底，值得信任的定義本就因人而異啊。一旦前提不成立，就不能說「田中先生從未遲到過，所以值得信任」。

弄錯對方和前提，結論也會不同。這裡就是關鍵。

所以一流人材**使用演繹法時，會想盡辦法讓大家有一致的前提。**因為前提不一致，就無法再向前進。

例如一流人材會先說「我以為不遲到的人值得信任，○○先生覺得如何呢？」先讓大家對前提有共識。等到對方也信服前提之後，再依序提出下一步的事實、最後的結論。

我再舉一個例子。當你要請老公打掃廁所時：

「不是有人說掃廁所可以改運，讓運氣更好嗎？」（前提）

「聽說○○社長每天一定會掃廁所。」（事實）

「所以你要不要開始打掃廁所啊？」（結論）

用演繹法來說就是這樣。

所以關鍵還是在前提。如果對方不同意你的前提，「我沒聽說過這樣可以改運」、「我不這麼覺得」，之後你再說什麼都沒有用。所以你可以這樣說：

「你有沒有聽過一種說法，說掃廁所可以改運，讓運氣更好？」

「你不覺得掃廁所好像可以紓壓嗎？」

「聽說松下幸之助熱愛打掃就像工作一樣哦。」

先讓雙方的前提有共識，「掃廁所有好處」→「真的是這樣耶」，然後再說事實、結論。

反之，要推翻對方的邏輯時，最好先確認前提。

你可以反問對方「好像也不能說得這麼武斷吧！」、「而且那個前提真的是對的嗎？」

用演繹法說明，會讓人覺得說得很有條理。但這不是萬能的做法。要讓演繹法無敵，就要「和對方有一致的前提」，這是絕對不可或缺的條件。

一流的說明表達

一流的人重視前提。

✔

看透演繹法的缺點，祭出對策。

歸納法

三流的人說話沒有根據，二流的人排列事實來說明，一流的人怎麼說？

話要說得很有邏輯，還有一種知名的方法，那就是**「歸納法」**。

所謂歸納法，就是用多個事實導出結論的方法。

我用以下這個提案來舉例說明：

【事實】《鬼滅之刃》爆紅。

【事實】《咒術迴戰》也爆紅。

【事實】《新福音戰士劇場版》也爆紅。

【結論】現在是空前絕後的漫畫熱。所以本公司是不是應該用漫畫的要素來開發新商品呢？

在說明多個事實後，再彙整出結論。這就是歸納法。

但歸納法也有缺點，那就是「就算有多個事實存在，也不表示結論一定正確」。漫畫的確很紅，但這不表示公司商品有了漫畫要素就一定會紅。

例如你去找朋友討論「我想增加自己的年收入」，結果朋友告訴你「根據慢跑專業雜誌的調查顯示，在皇居四周慢跑的男性當中，有一半以上的跑者年收入都在七百萬日圓以上。所以你要不要去皇居四周慢跑？」

朋友願意提供建議雖然很令人高興，但這個建議實在有點莫名其妙吧。雖然真的有在皇居四周慢跑的人年收入很高的數據，但不在皇居四周慢跑的人，年收入七百萬日圓以上的人也很多，反之亦然。

所以該怎麼辦呢？

其實**「歸納法說穿了不過是個假設」**。不論有多少事實存在，結論也不一定正確。如果為了提高可信度而拿出一百個甚至兩百個事實，那也太累了。所以只能說歸納出來的結論是一個假設。

歸納出來的結論是一個假設，請看以下例子：

【事實】現在大家很常聽到醣類、脂肪、蛋白質三大營養素。
【事實】越來越多人為了讓腸胃休息，會斷食半天。
【事實】無麩質（不含小麥的餐點）書籍暢銷。
【結論】我想現在是空前絕後的健康飲食熱潮。

【事實】田中社長早上五點起床。
【事實】鈴木部長也是早上五點起床。
【事實】我的朋友也是早上五點起床，他的工作表現也很好。
【結論】就我所知，好像有早起的人工作表現較好的趨勢。

「我想」、「好像有……的趨勢」這些都是假設。

用歸納法說明時如果說得很武斷，可能會被人吐槽「也不是這麼絕對吧」。
不能因為有多個事實存在就深信不疑，一流人材會連細節都準備充分。

一流的說明表達

一流的人
舉出多個事實後，
會用假設來說明。

✔

看透歸納法的缺點，祭出對策。

問題解決

三流的人無法掌握問題，二流的人分解問題並思考，一流的人如何思考？

「邏輯思考王者」當之無愧的存在，就是「還輯樹狀圖」。這是用來掌握狀況，解決問題的框架。

舉例來說，假設你要銷售「助眠保健食品」，銷售商品時應該對顧客說明什麼呢？我們試著用邏輯樹狀圖來掌握說明內容。

如下圖所示，**只要能事先掌握住內容，就不會錯過顧客想知道的事。**此外更容易決定要

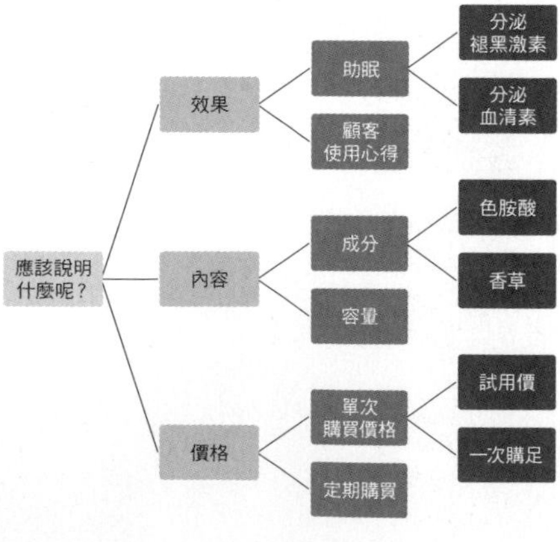

主打的關鍵內容。

分解「是什麼？」也就是**「What：構成要素分解樹狀圖」**，用來網羅事物的構成要素。

假設保健食品銷量不如預期，主管要你說明「為什麼賣得不好？」這也可以用邏輯樹狀圖來掌握。只要確實掌握住原因，就可以找出真正的解決對策。

分解「為什麼？」也就是**「Why：追究原因樹狀圖」**，用來針對問題列舉原因，以找出根本原因。

假設最主要的原因是「原本商品知名度就很低」，主管要你說明「要實施什麼對策？」這也可以用邏輯樹狀圖來說明。

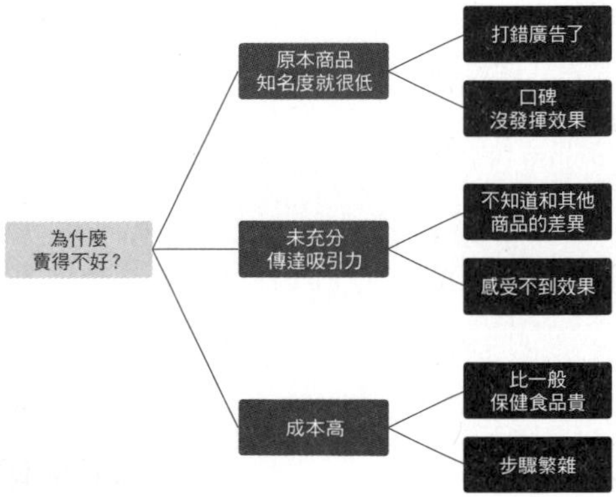

摸索所有可能對策，再從中選擇解決方案，就不會頭痛醫頭腳痛醫腳。

分解「怎麼做？」也就是**「How：解決問題樹狀圖」**，用來針對想解決的問題列舉對策，以發現真正應該做的事。

有些人不管被問到什麼問題，都可以立刻回答，那是因為這種人能用樹狀圖來掌握全貌。

越是一流人材越能高速畫出這張樹狀圖。而且他們會因應狀況，區分使用這三種樹狀圖。

熟悉後大概只要三分鐘左右就能畫出樹狀圖。再熟練一些，不用畫出來就可以直接在腦海中整理。請大家務必熟練運用邏輯樹狀圖，培養出能找出最佳解答的思考迴路吧！

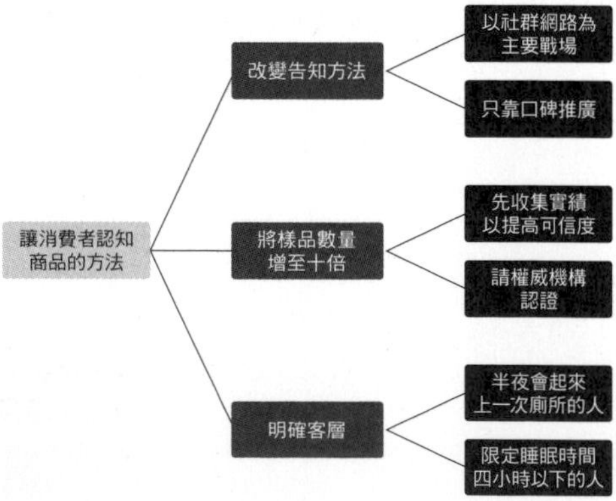

一流的說明表達

一流的人
充分運用三種樹狀圖思考。

視狀況分別運用
What、Why、How 的樹狀圖。

有體系地彙整

三流的人說得支離破碎，二流的人不知所以然地彙整，一流的人如何彙整？

換個話題。大家知道二〇二〇年的流行語大賞得主是什麼嗎？

答案就是「三密」。避開通風不好的場所；避開人潮眾多的場所；避開人與人之間手可以觸碰到的距離。這就是所謂的密閉、密集、密切接觸，合稱「三密」的防疫標語，一下子就普及到全日本了。

三密	
密閉	通風不好的場所
密集	人潮眾多的場所
密切接觸	人與人之間手可以觸碰到的距離

內容就是這樣。

用一個單字讓人了解的這句標語，除了用字本身精妙之外，更讓人吃驚的是它的想法極有體系。

不是只有流行語會這麼做。讀心師DaiGo的視頻網站《D Lab》也這麼做。

知識的 Netflix	
證據	有科學根據的影片看到飽
好用	隨時可從想看的地方開始看
時間	也可聆聽聲音，有效活用零碎的時間

這個網站整理得十分有體系，是當紅炸子雞。正因為有體系地整理，對方才能了解你的說明。

有人或許心裡在想「我就不會有體系地整理啊……」大家不用擔心，我來教大家整理的框架，也就是**「總論→個論→具體論」**的框架。

總論		
個論	個論	個論
具體論	具體論	具體論

例如要整理提案內容時，「總論＝商品名稱」、「個論＝預算、交期、品質」、「具體論＝預算為○○日圓，交期是在○○之前，品質是○○水準」，就像這樣把每個空格填滿。

就這麼簡單。不需要每次從頭整理，只要記住整理的框架即可。

就像是在便當盒中裝好隔板，放入配菜的感覺。如果不放隔板，白飯和配菜就會混在一起，便當看起來亂七八糟，一點兒也不美味。說明也是一樣的道理，如果不區分開來，就會說得亂七八糟。

一流人材能瞬間整理好自己要說的話，這是因為他們有整理的框架。

一流的說明表達

一流的人
用「總論↓個論↓具體論」
的框架整理。

✔

第一步就是寫出框架。

突如其來的報告

三流的人不知要說什麼，二流的人說「自己的感受」，一流的人說什麼？

主管突然叫你報告，你一定很驚慌失措吧。

比方說主管問你「昨天的〇〇商事會把案子交給我們嗎？」

「〇〇商事嗎？嗯，呃……那個……」

在這個階段主管的焦躁開關就被你啟動了。

假設你不想吞吞吐吐，努力立刻作答。

主管「〇〇商事會把案子交給我們嗎？」

下屬「他們好像要考慮一下。」（立刻回答）

主管「他們要考慮什麼？」

下屬「他們好像很在意金額。」（立刻回答）

主管「他們有說他們在意金額嗎？」

下屬「雖然沒有明說，但看到金額時他們的臉色不太好看。」（開始怪怪的了）

主管「那他們到底說要考慮什麼？」

下屬「他們說要和其他公司一併考慮……」（相當奇怪了）

主管「其他公司指的是誰？」

下屬「他們沒說……」（讓人懷疑你到底有沒有去跟客戶開會）

雖然努力立刻作答，答案卻都是「好像要考慮一下」、「好像很在意金額」等自己的感覺，這樣稱不上是報告。

所謂報告就是要說明狀況和結果，也就是「事實」，傳達實際發生的事。可是一般人突然被人提問，通常情緒都會跑在理智前面，脫口說出自己的感覺和感想。聽來很不可思議，但這卻是理所當然的反應。

二十多歲時的我，也曾因此被罵過好幾次，「那不過是你的感覺吧！」傳達事實原本並不是一件很難的事，但突然被問時就會焦躁不安，努力想說些什麼來隱藏自己的心虛，然後就中招了。我自己就有無數次這樣的經驗。

以上面的例子來說，這裡所謂的事實就是「簽到約了嗎？還是簽不到？」、「客戶到底說了什麼」。

根據事實來報告就是這樣。

「當場沒有決定（事實）；客戶說想和其他公司比較一下（事實）；我問他們要比較什麼，客戶說是金額（事實）。」

然後再加上自己的感想。

「我想只要金額可以，客戶就會下單。」（感想）

「我想再提一次報價給客戶考慮。」（感想）

用「事實↓感想」的流程來說。

報告可說是商務人士必備的技巧中，最基本的技巧。但卻有太多人報告時總是把事實和感想混為一談。報告必須徹底追求讓人容易了解，並明確區分事實和感想。徹底做好基本功才是一流人材。

一流的說明表達

一流的人
從「事實」再說到「感想」。

✔

報告前先區分好「事實」和「感想」。

被人問路時

三流的人逃離現場，二流的人由現在所在地開始說明，一流的人怎麼說？

我冒昧地問一句，請問你擅長指路嗎？其實指路也隱藏著提高說明力的線索。

如果有人這樣為你指路，你覺得呢？

「就那條路一直走下去，第二個左轉，藥局右轉，然後直走就到了。」

「那條路？」、「第二個？」、「然後就？」真是有聽沒有懂啊！

難以了解的說明讓人處於以下狀態：

① 沒有到達目的地的大致印象；

② 太過抽象無法了解。

如果是以下的指路方法呢？

「大概要走五分鐘左右吧。」（讓人腦海中有到達目的地的大致印象）

「面前的這條路直直走下去，在第二個路口左轉，再走約十公尺右手邊有家藥局，在那裡右轉就到目的地了。」（具體傳達）

這樣是不是腦中就有印象了？

疫情前我常出差，投宿飯店，偶爾會向櫃台人員問路。每次問路時，櫃台人員一定會先做一件事，大家覺得是什麼事呢？沒錯，就是「拿出地圖給我看」。在地圖上先指出目的地所在，然後再具體說明，每家飯店的櫃台人員都會這麼做。

據說常幫人指路的派出所員警，對於初來乍到搞不清楚方向的人，一定會先說「大人大概要走〇分鐘左右吧」。汽車導航也會先告知「到目的地為止需要〇分鐘」，然後才會進入細節說明。

① 先讓人的腦海中有到達目的地的大致印象；

② 然後再具體說明。

這正是說明的基本，也就是依序由大到小說明。

套用到一般的說明中，就是「先概論後細節」。

對於完全不懂的人，立刻從細節開始說明，只會讓他陷入恐慌。

過去我剛畢業時，也曾苦於不知如何對外人說明自己任職的公司。當時我任職於人材派遣公司，現在大家已經知道這是什麼樣的公司了，但在當時（二十年前）只要說到人材派遣公司，一定會被反問「你說什麼公司？」我雖然努力地仔細說明，對方卻常給我一個茫然的表情，後來我就都這麼說了：

「就像是人力的銀行一樣。」（概論）

「必要時可以提供即戰力的公司。」（細節）

工作時有時會被同事問「○○是什麼？」

此時如果你想仔細說明，請先暫停一下。要讓對方聽一次就能理解，首先要讓他先掌握概要，然後再說明細節。這就是鐵則。

一流的說明表達

一流的人
從目的地開始說明。

✔

依「先概論後細節」的順序說明。

CHAPTER

3

增加說服力的說明

說服他人

三流的人沒有說服他人的說明流程，二流的人用PREP法說明，一流的人怎麼說？

大家知道PREP法嗎？在商界這是極為出名的架構，也就是具說服力的說明順序。依照Point（結論）→Reason（理由）→Example（具體例）→Point（結論）的順序說明，可以讓你想說的內容更為明確，更有說服力。

舉例來說，假設你要說服一位想減肥的人：

Point（結論）：減肥的人建議吃水煮鯖魚。

Reason（理由）：因為這種食物低醣又高蛋白質。

Example（具體例）：水煮鯖魚內含〇．六公克的醣類，幾乎可以忽略不計，但卻有高達三十公克的豐富蛋白質。蛋白質是肌肉的原料，可以提高代謝，讓人更容易瘦下來。而且罐頭又便宜，到處都買得到，吃一罐就飽了。

Point（結論）：所以最適合減肥的人食用了。我大力推薦水煮鯖魚。

用PREP的順序說明，結論很明確，又有理由和具體例，讓人的腦海中更容易有印象。

不過一流人材更上一層樓，他們**會視對象調整PREP的順序。**

舉例來說，假設有位業務員向主管建議「想限定業務範圍」，他忠實地照PREP順序說明如下：

Point（結論）：我希望把自己負責的業務區域限定在新宿區。

Reason（理由）：因為這樣做業務效率更好。

Example（具體例）：如果限定在新宿區，我一天可以拜訪五個客戶，而現狀下最多只能拜訪三個客戶。

Point（結論）：所以我希望把自己負責的業務區域限定在新宿區。

結論很明確，想說的內容也經過整理，看來很有說服力。但有些主管可能一聽到「我希望限定自己負責的業務區域」這個結論，立刻就會說「別亂想，給我認真地去跑客戶！」

所以要調整說明的順序為Example（具體例）→Reason（理由）→Point（結論）。

Example（具體例）：我摸索了許多跑業務的方法，如果將我負責的業務範圍限定在新宿區，一天可以拜訪五個客戶，而現狀下最多只能拜訪三個客戶。

Reason（理由）：限定範圍可以讓業務效率更好。

Point（結論）：所以我希望把自己負責的業務區域限定在新宿區。主管覺得如何呢？

第一種說明像是直球對決，調整過後的說明應該變得溫和一點了。

PREP法雖然是眾所周知的商界主流方法，但如果目的是要讓對方了解，就要勇於調整順序。不受限於現有框架，這才是一流人材的想法。

一流的說明表達

一流的人
調整PREP法的順序說明。

為了讓對方信服，
隨時都可以調整順序。

尋求他人協助

三流的人說明要做的事，二流的人說明目的，一流的人怎麼說？

實現公司的長期計畫、啟動新專案、改變公司內部的規則、舉辦當地活動……要做這些事不能只靠一個人，所以必須對相關人員說明，請大家一起配合協助。

那麼要讓大家配合協助，應該傳達什麼內容呢？

答案就是**「目的」**，也就是**「為什麼要做這件事」的解答。**

沒有任何理由，突如其來地要求下屬「今天下班前完成這份企畫書」，下屬自然意興闌珊。如果再加一句「別廢話，照我說的做就是了」，下屬甚至會反彈。所以傳達目的十分重要。

那麼是不是傳達了目的，大家就會動起來呢？

通常不會這麼順利。

比方說社長對員工傳達創立公司的目的、理念、願景、方針等，員工也不為所動，也不會自主行動。這種再怎麼呼籲也沒人理的狀況也很常發生。

此外，我也常聽人家說「我都已經從目的開始說了，但大家卻不肯動起來……」

就算傳達了目的，對方也不會動起來。發生這種現象的理由只有一個，那就是「事不關己」。

不論目的多麼像回事，再怎麼訴求，如果一個人無法想像目的會如何影響自己，他就不會真心起而行。

舉例來說，就算有人對你說「我為了給業界帶來創新，啟動了一個新專案」，如果你不能想像這個專案成功後對自己有什麼影響，就提不起幹勁。

也就是說，必須能讓專案成功和對個人的好處產生連結，如「會學到許多技能」、「會受到許多人感謝」、「生活會更充實富裕」、「可以名垂青史」等。

提到撼動人心的演講時，通常會以賈伯斯為例。賈伯斯為何能掌握住聽眾的心？那是因為事必關己。

例如在iPhone發表會上，他訴求的是「用iPhone能實現什麼」、「前方有什麼樣的未來在等著你」，因此讓聽眾雀躍不已。這也是個人生活和這項產品接上線的一瞬間。

目的無法單獨發揮作用。當目的和一個人產生密切關係時，才會催生出熱情。

說明想實現的事時，只有在

- **目的＝為什麼要這麼做？**
- **和個人的關係＝達成目的，自己會有什麼改變？**

這兩點交會產生火花時，聽眾才會覺醒，也才會蜂擁而上。

一流的說明表達

一流的人
會說明目的和個人的關係。

✔

全力傳達對方可因此獲得的好處。

意見對立時

三流的人沉默不語，二流的人妥協配合對方，一流的人怎麼處理？

工作時很常遇到意見不合，甚至對立的狀況吧。

我先說結論：**對立時請用Fact決勝負。**這裡說的Fact就是事實，也就是實際發生的事和數字。

白熊是白色的，這是事實。《鬼滅之刃》爆紅，這是沒人可以否認的事實。這部電影票房收入高達四百億日圓，超越《神隱少女》，締造日本影史票房新高紀錄。

工作時「我覺得應該會暢銷」的說法，和「一千個人實際使用後，有百分之八十的人回答立刻想要」的說法，說服力截然不同。所以沒有其他因素能勝過事實。

最近note這個部落格版媒體平台爆紅。如果想在公司內部導入note，只是說：「我們公司也來用note吧，因為現在很流行。」這樣應該無法讓人信服接受。

以下則是根據事實來說的內容。

「最近一年來LINE用戶人數由七千九百萬人成長到八千二百萬人。Facebook則由二千九百萬人減少到二千六百萬人。Instagram由二千九百萬人成長到三千三百萬人。但是這一年來有一種社群網路的用戶人數由一千萬人爆增到六千萬人，那就是note。它可以接觸到大量群眾。所以我想我們公司也應該活用它，大家覺得如何呢？」

一流人材之所以說服力強，是因為他們會累積許多事實用來說明。

仔細聆聽常上新聞節目的2channel（日本網路論壇）創立者西村博之先生、橋下徹先生、東國原英夫先生等人的評論，會發現他們幾乎都是根據事實展開評論，所以非常有說服力，是節目競相邀請的寵兒。

再回到主題。當意見對立時，你應該做的事有兩件：

第一件事就是明確你主張的事實。

我之所以主張○○，

- 是因為有○○的調查結果。
- 是根據○○的數字計算的結果。
- 是因為○○商事的○○先生說○○。

根據事實展開論述。

第二件事就是確認對方主張的事實。

反之對方手裡有什麼樣的事實呢？

直接詢問可能會刺激到對方，所以用以下方式婉轉地問，對方應該會比較舒服。

「如果可以的話，可以請您更具體地告訴我這麼說的理由嗎？」

「不好意思我學養有限。請問已經有這些數據了嗎？」

對於不對的事，一流人材勇於說不對。因為他們掌握了事實。

一流的說明表達

一流的人累積事實。

排列事實後陳述意見。

說服他人的材料

三流的人不知所以然地提案，二流的人有明確的主張和根據，一流的人怎麼提案？

有所主張時可以利用**「金字塔結構」**。頂端為結論，下方則陳列出根據。

就像是結論＝「我覺得是○○」，根據＝「有三個理由」。

舉例來說，假設你建議公司採用某網站架設公司。

以下就是用金字塔結構來說的例子。

結論：「我想委託A公司架設網站。」

根據：「我有三個理由。第一就是價格優惠。第二是他

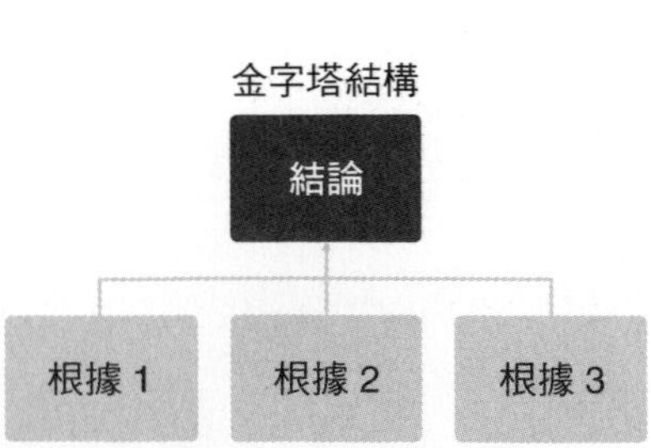

們有豐富的實績。第三則是交期短。」

金字塔結構是簡明扼要說明的不二法門，我想很多人都已經會用了。

然而**金字塔結構有一個最大的缺點，也就是「不耐側風」。**

如果風從另一個方向吹來，金字塔一下子就會被吹垮。例如你說「我想委託A公司架設網站。」有人從不外包而是內製的不同角度切入，「自己做就好了不是嗎？」或者是從一半外包一半內製的另一個角度切入，「請外面的人設計就好，內容我們自己做如何？」

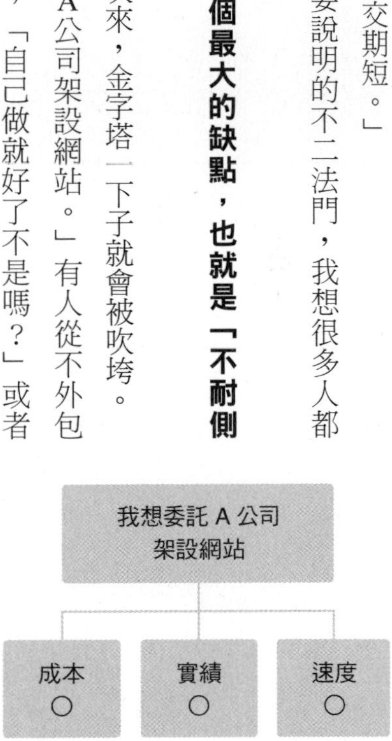

風從另一個方向吹來，你就無法立刻回答，只能說「下次開會前我會查好再來說明」。這樣的話就無法當場做出決定。

主張與根據雖然明確，但卻無法當場下結論，這樣只能說是二流做法。

那麼一流人材會怎麼做呢？

一流人材會事先從多個可能性，建立不同的金字塔。

說明時用的是一個金字塔。可是其他金字塔也已經驗證完畢。

「我也考慮過自己做的方案。的確自己做的成本較低，但沒有實績，也要花費相當的時間。我也考慮過一半外包的可能，但這樣成本反而更高。所以我認為委託A公司是最佳方案。」

站在高點俯瞰全局，也思考其他可能性，這就是一流人材擅長的思考方法。

首先在思考結論與根據前，先備妥多個金字塔，這樣一定可以為你的主張增添數倍的說服力。

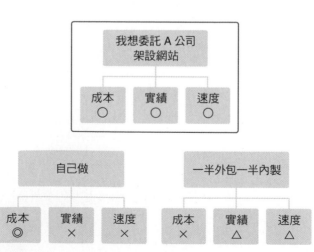

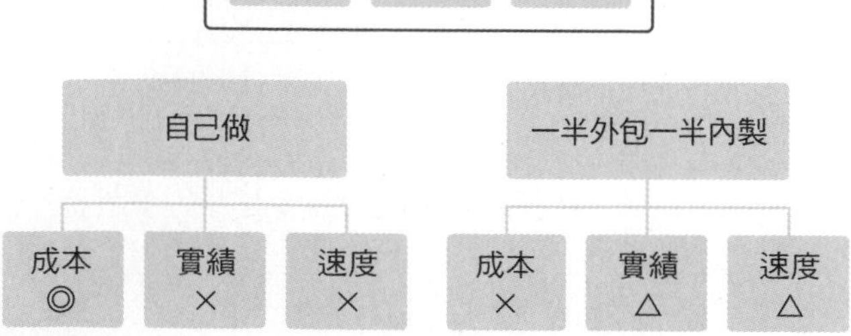

一流的說明表達

一流的人
會準備多個金字塔。

✔

事先完成其他可能性的驗證。

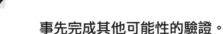

難以啟齒的事

三流的人沒勇氣說，二流的人講道理，一流的人怎麼說？

舉例來說，主管交辦給你的工作很離譜，但有時你很難說「NO」。

此時明明很不想接受，卻默默接受的人就是三流人材，而義正辭嚴地說「我很忙，接不下來」的人是二流人材。

那麼一流人材會怎麼做呢？一流人材會堅定自信（Assertive）地說明。所謂的堅定自信，**並不是強迫對方接受自己的意見，而是尊重對方意見的同時，誠實地自我主張。**

首先要仔細聆聽對方的要求，

「明天前要完成是吧。原來如此，這樣實在很急耶。」

然後再提出自己的主張，

「非常抱歉。我很希望能幫上忙，可是到明天為止我的行程都排滿了，很難再加入這件工作。」

如果你能提供其他對策，

「明天雖然沒辦法，但如果是下週一前我就幫得上忙了。」

那就更好了。

遇到不合理的客訴時該怎麼辦呢？

如果你說「條約中寫得很清楚了」，大概只會得到「跟你說也沒用！叫你上面的人來！」的結果。

講道理很可能吵起來。為了不走到這一步，會話的起點就是最重要的關鍵。

首先**你要準備兩個眼睛，一個是對方的眼睛，另一個是自己的眼睛。**

一開始先將對方的要求放上檯面。

然後再把自己的主張端上檯面。

這樣就可以產生淨化（Catharsis）效果。

「淨化」是心理學用語，簡單來說就是「消除積聚的東西」。

你是不是也有過「光是有人聽我說，心情就變好了」、「哭過後就好多了」的經驗？

傾聽對方的要求就是一種淨化行為。反之，不聽人家說就是封鎖行為。所以先將對方的要求放上檯面，讓對方宣洩。等到對方獲得淨化之後，接下來他就可以做好聽你說話的準備了。

堅定自信地說明，應該可以讓過去什麼都不敢說，或是因為講道理而爭吵不休的事，獲得一些進展。這麼一來人際關係也會出現明顯的變化。

原本不肯聽你說的人，現在會聽你說了。

不是勉強自己忍耐，也不是強迫對方接受你的意見，而是尊重對方，同時好好說明自己的意見。一流人材永遠意識到對方的存在。

一流的說明表達

一流的人堅定自信地說明。

✔

尊重對方，同時說明自己的意見。

答案就是「疑問句」，也就是提出許多問題。

例如下屬田中先生犯錯連連時，

- 「如何才能讓田中先生不再犯錯？」
- 「如何才能改變田中先生的想法？」
- 「如何才能沒有田中先生也能完成這件事？」
- 「如何才能刪除這項業務？」

用疑問句提出許多問題，然後從中發現可成為定海神針的論點。

解決對策或許是指導田中先生，也或許是外包給其他人。甚至是改變架構，或刪除那項業務等，應該可以找出許多解決的方法。

經營學權威彼得·杜拉克也說過，

「在管理決策上，最重要及最困難的不在於找出正確答案，而在於找出正確的問題」。

一流人材完全了解這句話的意思。所以當討論陷入僵局時，他們不會一直強調自己的主張，而是先設定正確的論點並加以說明。

一流的說明表達

一流的人重新設定論點。

提出多個問題，
找出可成為定海神針的論點。

雞同鴨講時

三流的人沒發現雞同鴨講，二流的人覺得對方不夠理解，一流的人怎麼處理？

「雞同鴨講」，這種時候可能是說話的階層已經偏離了。

很多人看到這裡會愣一下，「說話階層」？我用個簡單的例子來說明。

當你說「不再使用印章，全面改用電子簽章」時，出現了很多反對意見，「我反對停用印章！」、「我覺得還有其他方法！」、「我認為不再使用印章不過是手段，並不是目的！」這麼一來就無法收場。

此時如果你覺得提出這些意見的人「都是不懂事的蠢材」，那你也不過是二流人材。

「為了什麼」、「目標是什麼」、「要做什麼」。如果這個階層不一致，再怎

麼說明也無法合拍。

- 為了什麼：因為新冠疫情，想推動遠距工作。
- 目標是什麼：希望大家不要只為了蓋個章，必須跑來公司。
- 要做什麼：不再使用印章，全面改用電子簽章。

你必須要說明這些內容才行。

當你覺得雞同鴨講時，就先停下腳步。先**重新檢視說話的階層，找出雙方不合拍的所在，留一段時間讓大家聚焦。**只要視線一致，自然會朝向同樣的方向。

這裡有一個讓人笑不出來的真實事件。

有一位資深員工告訴新人，「一進公司就要跟別人打招呼。」新人每次到公司真的都會跟別人打招呼，可是客人上門時他卻一聲不吭。

所以資深員工又告訴他，「客人上門時要打招呼。」結果新人會跟客人打招呼了，可是廠商來時他又一聲不吭了。

於是資深員工又告訴他，「廠商上門時也要打招呼。」這下子新人終於會跟廠商打招呼了。

聽說資深員工心裡想的是，「到底要讓我說幾次啊……」

打招呼是基本中的基本，對誰都要打招呼，這應該是常識。可是對某些人來說，這不是常識。

- 為了什麼：希望和自己有關的所有人都能心情愉悅地工作。
- 目標是什麼：因此希望職場有活力，讓大家都能精神飽滿。
- 要做什麼：所以希望你對任何人都能率先打招呼。

只要這個階層合拍了，應該就不用講三次了。

雞同鴨講時請先檢查「為了什麼」、「目標是什麼」、「要做什麼」的哪個地方不合拍。

一流的說明表達

一流的人會讓階層一致。

重新檢視「為了什麼」
「目標是什麼」「要做什麼」。

分析資料並說明

三流的人不會用資料，二流的人根據相關關係說明，一流的人根據什麼說明？

上班族在公司有很多機會去分析並說明資料。不知大家有沒有這種經驗？也就是你才剛開始說明，立刻被質問「真的是這樣嗎？」、「為什麼你可以這麼說？」

這種狀況常發生在弄錯「相關關係和因果關係」時。

所謂相關關係，簡單來說就是「有類似的趨勢」。

而因果關係則是「因為A所以發生B」的原因與結果。

雖說有類似的趨勢，如果因此草率地說「根據本次資料，可知原因是○○，所以今後應該○○」，別人就會覺得「真的是這樣嗎？」

重點在於要確實「找出因果關係」。

例如「吃太多所以胖了」，這是相關關係嗎？還是因果關係呢？或許你覺得

「吃太多是原因，胖了是結果，所以應該是因果關係吧？」但答案其實是相關關係。

吃太多的人的確有肥胖的趨勢。可是雖然吃得多，只要你能把熱量消耗掉，也不會肥胖。

「攝取的熱量超過消耗的熱量（原因），所以胖了（結果）」。這就是因果關係。

我再強調一次，相關關係是趨勢，因果關係則是原因和結果。如果因為有相關關係就急著解答，那就只能想到「不要吃太多」這種對策，而忽略了「多吃的部分就靠運動來消耗」的對策。

「雖然相關卻並非因果」，這就是關鍵所在。

要掌握因果關係，有一些具體的方法：

步驟一：反向思考。

步驟二：驗證其他可能性。

這兩個步驟就是具體的方法。

比方說，假設「廣告費加倍後，營收也倍增了」，真的是這樣嗎？

為了確實找出因果關係，先執行步驟一。

反向思考「如果廣告費未加倍，營收就不會倍增」是否成立。從這個角度去想，就覺得好像也還有不少其他原因。

接著執行步驟二。

驗證營收倍增的其他可能性，如「天時地利人和」、「設計大受好評」、「特別促銷活動爆紅」、「業務人員超級努力」等等。

選擇其中一個最主要的原因說明。

當然不論再怎麼追究，可能也很難特定出一個百分百就是這個的原因。鉅細靡遺的調查需要龐大的時間。可是如果只因為有類似趨勢，就很表面地說明，又一定會被質問。

為了避免陷入這種窘境，分析並說明資料時，請花一點時間執行追究因果關係的兩個步驟，這麼做一定可以強化你的分析能力。

一流的說明表達

一流的人
根據因果關係說明。

利用「反向思考」
「驗證其他可能性」強化分析能力。

CHAPTER

4

簡報和在人前說明

說明的流程

三流的人流程亂七八糟，二流的人用擅長的模式說明，一流的人怎麼說？

你會看對象改變說話流程嗎？

在人前說話有兩種流程，一種是結論型，另一種是展開型。

所謂結論型就是從結論開始說，「今天我想告訴大家的是○○」的類型。非常適合「快點告訴我結論」，這種急著知道結論的聽眾。

但是因為一開始就先說出結論，聽眾也有可能不會深入了解內容，「所以你想說的就是這個啊！」、「這話我好像已經在哪裡聽過了」。

展開型則是像「很久很久以前」的開場白一樣，「前幾天發生過這種事吧」，從故事開始說明的類型。展開型的流程是先讓聽眾對你的話感興趣，帶領聽眾到最後發現結果，所以你的訊息也可能深入人心。

不過如果在到達結論前的話不夠有趣，反而可能讓聽眾焦慮不安，「前面不用說了，快點說結論吧」。結論型、展開型可說各有優劣。

一流人材會**看對方狀態，巧妙區分使用這兩種流程。**

【結論型】聽眾對話的內容有興趣，並不是對你有興趣。這種情形就應該從結論說起。因為聽眾總是想早點知道話的內容。如果綿延不絕地說一些沒關係的話，聽眾的熱情就會被你澆熄。

【展開型】比起話的內容，聽眾對你這個人更感興趣，或者是對你有好感時，就請完整說明你的經驗談、做出結論的背景、想法，最後再說明結論。

本公司過去曾舉辦過一萬場研討會和研習課程。當我們舉辦企業研習時，幾乎所有場次的講師和學生都是第一次見面。此時如果講師一開始就來個冗長的自我介紹，氛圍就會越來越凝重，聽眾心裡只會想著「你可不可以快點進入主題啊」，會場會冷掉。這種時候一開始就要提出結論，「今天的主題是〇〇。我想告訴大家三個重點」。

相對地如果是出版紀念講座，或是用自己的名義舉辦的活動，參加者某種程度都是對你感興趣的人，所以就可以依序用說故事的方法說明過去的經歷、體驗，這樣會受到聽眾好評。

當然**有時也無法事前得知聽眾的狀態，這種時候某種程度要用猜的。**例如要做某種新商品的簡報時，來參加的人應該都是對商品感興趣的人，所以要用結論型。

如果是研究發表會，研究結果當然很重要，但是研究人員「為什麼進行這項研究」、「因為什麼背景因素才投入」、「想實現什麼」的這些想法，一直到決定研究的過程，也有很多聽眾想聽的內容，此時就用展開型的流程。

用自己擅長的風格說，不過是二流人材。一流人材會用對方想要的風格說。在人前說話也就是占用聽眾寶貴的時間。所以要把如此寶貴的時間，變成對聽眾來說最有價值的時間。因此一流人材永遠會先想像對方的狀態，再選擇說話的流程。

一流的說明表達

一流的人
會區分使用結論型、
展開型來說明。

掌握對方感興趣的主軸，
決定說話流程。

開始說明時要做的事

三流的人腦中突然一片空白，二流的人貿然開口說，一流的人會先做什麼？

在人前說話時，不知道大家有沒有這種經驗？對方一臉意興闌珊的樣子、不聽你說明低頭猛翻資料、看起來一臉睡意……。

好不容易用盡全力做了準備，結果對方卻是這種態度，你可能會覺得很挫折。可是這也是沒辦法的事。因為每個人都只想聽自己感興趣的事。

這裡我簡單地為大家說明一下英國心理學家柴瑞（Colin Cherry）提倡的**「雞尾酒會效應」（Cocktail Party Effect）**。在吵雜的酒會上，你幾乎聽不到誰說了什麼。可是一旦出現自己在意的關鍵字，那一瞬間你突然就聽見了。或是有人提到你的名字，那一瞬間你會立刻回頭「咦，在說我嗎？」耳朵聽不進自己不想要的資訊，只會聽進必要的資訊，這就是人的特性。

有了這個知識，在進入說明主題之前你必須先做一件事，也就是**讓聽眾認知到「這次的說明對自己很重要」**，換言之就是讓聽眾做好聽你說明的準備。

要讓聽眾做好聽你說明的準備，人類的**「快樂原則」可以發揮很大的效用。**所謂的快樂原則（Pleasure principle）是德國心理學家費希納（Gustav Theodor Fechner）提出，由佛洛依德普及的概念，指的是人類會為了「得到快樂」或「逃避痛苦」而行動。所謂快樂，指的就是愉快、高興、占便宜。而痛苦指的則是討厭、覺得恐怖、吃虧。

將快樂原則套用在在人前說明的狀況，可以解釋成以下意思：

- **快樂＝對自己有利的資訊。**
- **痛苦＝不聽就會有損失的資訊。**

所以要在進入主題前，讓對方認知到這一點。

舉例來說，最近常聽到的「大數據」這個名詞。說明大數據時，如果一開始就說：

「大數據指的是超越資料庫軟體可以掌握、累積、運用、分析的大小數據，做為導出有助於事業發展的知識見解所需的數據，可解決問題，與提升業務的附加價

PPT

三流的人突然開始做，二流的人思考結構後開始做，一流的人思考什麼後開始做？

我常收到來自全日本的諮詢，其中之一就是「我很不擅長做簡報資料PPT」。

你會用什麼流程來編製資料呢？

如果是突然就啟動PowerPoint，從第一頁開始寫起，這份資料一定會失敗。邊寫邊想的結果，可能最初和最後說的話不同，或是只不過要改一個地方，結果全部得重來等，總之不會有好結果。

所以要先決定好資料上要記載的項目，如「提案內容」、「重點」、「詳情」、「成本」等，然後再啟動PowerPoint開始寫。這種做法可以編製出讓人容易懂的資料。

不過一流人材的目的並不只是做出一份容易懂的資料。

PowerPoint原本就是開發用來編製簡報資料的軟體工具。所謂簡報就是提案。為什麼要提案呢？答案只有一個，那就是**「要讓聽眾起而行」**。

- 希望讓顧客購買商品服務。
- 希望專案動起來。
- 希望主管做出裁決。

最主要的目的是讓聽眾拿出行動來。

既然如此，在思考簡報結構前，就有一件必須思考的事。你沒想錯，就是「要讓聽眾拿出什麼樣的行動？」

以希望部長做出裁決為例，一般人都會記載需要裁決的內容、理由吧。不過光寫這些並不夠。如果你真的希望部長做出裁決，就必須先預想部長拒絕的可能性，如：

- 不覺得有做的意義。
- 不需要現在做。
- 有不安要素（失敗時的代價很高、資源不足、預算不夠等）。

而且你必須在資料中加入可以消除這些可能性的內容。也就是說，「內容會因為希望對方採取的行動而異」。

不管編出多麼簡單易懂的資料，如果只得到「我知道你的意思了」、「我會考慮」的反應，就無法達成目的。所以**真正希望對方做出的反應是「好，那我們來做吧！」**

順帶一提，大家知道這個軟體工具為什麼叫PowerPoint嗎？直譯的話Power＝力，而Point＝點，也就是「力點」。大家會不會很奇怪力點是什麼東西啊？

據開發人員表示，他們是基於「給發表人員力量」的想法，才取了PowerPoint這個名字。聽到這個說明我就明白了。不過我覺得PowerPoint除了給發表人員力量外，也會給聽眾力量，也就是讓聽眾起而行的力量。

編製資料時，請將「希望誰能拿出什麼樣的行動？」當成起點，然後再去思考結構。這麼一來你一定可以編製出給聽眾力量的最佳簡報資料。

一流的說明表達

一流的人
先想好希望聽眾
拿出什麼行動，
才開始編製資料。

✔

**先設定好希望對方拿出什麼行動，
再思考結構。**

說明
調查結果

三流的人只說明調查結果，二流的人考察調查結果，一流的人怎麼做？

這是發生在我還是一個上班族時的事。我放棄週末假期，趕著編製週一會議要用的資料。那是一份彙整調查結果的報告，資料十分龐大，包含競爭對手的展店地點、價格、服務內容等。我做好充分的準備，到了週一去參加會議。可是我開口說明調查結果不過五分鐘，主管就對我這麼說：

「所以你到底想說什麼？調查結果我看資料就知道了。」

現在的人只要敲敲鍵盤，就可以搜尋到大量資訊。而且看了資料就知道結果。即使如此，我卻只說明調查的結果，當時的我做的真是三流的事。

那麼該怎麼做才好呢？是不是只要考察出某個結論，如「根據〇〇的結果，可以說〇〇」？其實這也不過是二流的做法。

一流人材會怎麼做呢？

「根據○○的結果，我們應該○○。」

也就是說明應該採取的行動。

舉例來說，假設你去做健康檢查。醫生只跟你說：「健康檢查的結果，你的肝指數是六．四，需要注意一下。就這樣。」你一定會想：「所以我應該怎麼做才好呢？」光考察也是不夠的。

「健康檢查的結果，你的肝指數是六．四。」＝結果

「需要注意一下。」＝考察

「喝酒請控制在一週一次。」＝行動

一流人材會說明應採取的行動。

當時主管要問我的，其實就是「到底該怎麼做才好？」

既然都委託調查了，一定有想解決的問題。此時請根據以下流程來說明：

①結果＝得到什麼結果了？

②考察＝根據結果可以做出什麼結論？

③行動＝所以應該怎麼做？

以下就是一個例子：

①結果＝得到什麼結果了？

調查結果顯示，第一課的人事費用大幅超出預算。可是員工人數並未增加。超出的部分幾乎都花在招募上了。

②考察＝根據結果可以做出什麼結論？

招募進行得不順利。定期有人辭職。

③行動＝所以應該怎麼做？

由招募窗口、教育訓練窗口和我，重新編製招募和教育計劃。這樣可以嗎？

傳達結果進行考察，並拿出應採取的行動。完整說明才是一流人材的做法。

一流的説明表達

一流的人
根據調查結果
拿出應採取的行動。

用「結果→考察→行動」
的順序説明。

吸引人的說明

三流的人說得冗長，二流的人說明重點，一流的人怎麼說？

很普通的日常會話，有些人也會讓你很佩服「他好會說明哦」。

舉例來說，就像是聊到最近看過的電影時，有的人說得會讓你一聽就產生「那是什麼！我也想看！」的欲望。反之也有人說完只會讓你用「哦，這樣啊」的一句話敷衍了事。

不過是短短一分鐘的會話，能夠說得很有趣的人，通常簡報時也很會說。因為吸引人的說話方法已經成為他們的習慣了。

或許有人覺得，我不會用吸引人的方法說明。不過這絕對不是難如登天的方法，你只要知道吸引人的方法，一切都很簡單。

過去常說寫文章的方法就是「起承轉合」，在能樂的世界裡則有「序破急」的原則。電影腳本則有出名的**「英雄歷程」**寫法，也就是英雄雖然陷入危機，最後卻大逆轉的故事。

這些原則的共通點是什麼呢？答案就是**在初期就「發生事件」**，然後「咦！」、「那什麼啊？」、「喂喂沒事吧？」展開讓人心驚膽跳的故事。這就是引人入勝的點火裝置。喜劇收場也要有事件發生才顯得有趣。

二〇一七年爆紅的電影《唱吧！奇蹟！》（東映）是根據GReeeeN的實際經歷改編而成。我用這個題材為例來說明。

「這是發生在GReeeeN身上的真實事件哦。有一對兄弟喜歡玩樂團，但父親一直強烈反對他們走上這條路。而且弟弟上的還是齒科大學，未來可望成為牙醫師。所以玩樂團這件事絕對不能讓他們的父親知道。結果你知道怎麼了嗎？**（在此事件發生了）**他們竟然用前所未聞的蒙面方式出道了，然後奇蹟真的發生了。」

像這樣，事件在中途發生了，於是故事更吸引人了。

再來看看其他例子。

「這部電影是描述一位學校老師，有一天突然雙目失明的故事。陷入自暴自棄的他甚至動過自殺的念頭。**（在此事件發生了）**因為一件事，他開始挑戰一個偉大的夢想。這是最近讓我哭得最慘的一部電影（淚）。」

也就是說，**如果你想說得很有趣，就必須有事件來點綴。**換句話說就是中途要「有變化」。

一面倒的說明很無趣。雲霄飛車也是一樣的道理，如果軌道一直都很平坦，真的很無聊吧。就是因為雲霄飛車有急速爬升、急速下墜，讓人不禁尖叫「啊——！」、「哇——！」所以才有趣。「有變化」就是說明要引人入勝的最主要關鍵。

相聲界的「鬆緊法則」就巧妙地活用了這個機制。先營造緊張的氣氛，然後再說出讓人寬心的話。這個時候觀眾就會笑出來了。

在一場演講中，極具威嚴感的社長上台演講。他一開口就說「我現在經營四家公司」。聽眾聽了正覺得果然如此，外表看來他就是這種人啊~的時候，社長又開口了，「順帶一提，我也離婚四次了（笑）」。聽到這裡，會場立刻響起一片笑聲，氣氛變得極為融洽。

日常會話和簡報如果能加上一點變化，你的話就會突然變得有趣。一流人材在日常會話時也會讓對方很快樂，永遠不忘記自娛娛人的精神。

一流的說明表達

一流的人
說明時會加入事件變化。

✔

有變化可以讓說明更加有趣。

術語的使用方法

三流的人用只有自己或自家公司懂的話，二流的人用共通術語，一流的人用什麼用語？

在人前說話時，有一個應該注意的地方，那就是「術語」。

「內容資料夾透過數位行銷在B2B相連……」

聽到這裡聽眾就昏了，完全不知所云。

如果繼續說下去，「這是新常態時代的事實標準，……」就到此結束了。聽眾應該會閉上雙眼，專心睡覺去了吧。

人數眾多時，聽眾的知識量通常會有落差。面對知識水準不一樣的人，還一直說出術語、很難的英文字，聽眾一定跟不上。

你周遭是不是也有這種人？老是說些術語，或喜歡用很難的英文字？

為什麼他們**在人前說話時，喜歡說術語呢？這是因為他們沒有設定好「要說給**

誰聽」。而這一點遠比「要說什麼」重要一百倍。

舉例來說，假設你在網際網路服務供應商公司上班。在說明商品時，你應該會因為聽眾是業內人士、一般居民還是小學生，而改變用字遣詞吧。

永遠選擇符合對方等級的用字遣詞，真的十分重要。

但有時候也會有這種狀況，「我不知道聽眾的知識等級」、「聽眾的知識等級都不一樣，我不知該把標準放在哪裡才好」。

此時某種程度必須用猜的。

我建議大家可以考慮把焦點鎖定在以下三種等級之一。

- 同事等級。
- 朋友等級。
- 孩童等級。

所謂同事等級，就是和自己的同事在交談時的等級。說明的對象主要是有相關知識的人、業界人士、專家。對這種等級的人當然可以用術語說明。

而**朋友等級則是和自己的朋友交談時的等級**。說明的對象是相關知識不是那麼充足的人、一般人、門外漢。所以說明時必須將術語消化後再輸出。

至於**孩童等級，就是和自己的小孩交談時的等級。**這種等級是完全沒有相關知識的人。大家常說「要讓小學生都聽得懂」、「要讓老人家聽得懂」，指的就是這種等級的說明。說明時必須省略術語，活用切身的比喻。

順帶一提，聽說搞笑二人組金剛的西野亮廣先生向老人家說明線上沙龍時，用「粉絲俱樂部」取而代之。

猜個大概，然後設計要說的內容。也就是先決定「說給誰聽？」，再決定「要說什麼？」，這個順序很重要。

職業單口相聲師傅在相聲同好聚集的說書場、在全日本播放的笑點節目中、在小學公演時，都會使用不同的段子。因為他們在說之前，已經先設定好「要說給誰聽」了。

在人前說話時，有時會因為太在意要說的內容，而忘了「要說給誰聽」。請事前設定好要針對哪個等級說明。

一流的說明表達

一流的人
說明時會配合對方的等級。

依「說給誰聽」、「要說什麼」
的順序來設定說話內容。

抑揚頓挫地說明

三流的人說明不分強弱，二流的人說明時意識到抑揚頓挫，一流的人怎麼說？

「今天呢，針對讓人了解的說話方法，我有三個重點要告訴大家。」

這句話如果平鋪直敘地說出來，聽眾慢慢就會膩了。有抑揚頓挫比較好聽。

所謂抑揚頓挫，就是讓語調有高有低，也就是所謂的聲調，如下所示：

「今天　針對讓人了解　的說話方法　我有三個重點　要告訴大家。」

↘　↘　↗　↗　↘

這麼一來，表現力就豐富了。

其他還有重音。重音就是有強有弱。

「今天　針對　讓人了解的說話方法　我有三個重點　要告訴大家。」

弱　弱　**強**　**強**　弱

強調「讓人了解的說話方法」、「三個重點」，可以突顯出這個字節。

另外還有節奏，也就是速度。

「今天 針對 讓人了解的說話方法 我有三個重點 要告訴大家。」

快 快 **慢** **慢** 快

放慢「讓人了解的說話方法」、「三個重點」，也可以突顯出這個字節。

請大家說明的時候聲調要有高有低，有強有弱，再試著改變速度。這麼一來，你的說明一定判若兩人。

不過說了這麼多，一流人材其實不會去在意聲調、重音、節奏。他們不會去在意，是因為這已經是他們說話的一部分了。

藝人明石家秋刀魚是抑揚頓挫的專家，有一次他在電視上這麼說：

「咦！你看過那個了嗎！真的太有趣了！」我想他在說的時候，完全沒去想「我說的時候要加上抑揚頓挫」、「全身心自然洋溢出抑揚頓挫」，他說話時就是這種感覺。

有一個美國節目TED，讓大家用十八分鐘的時間演講。節目上最出名的日本講

說明的傳達方法

三流的人盡所能地說明，二流的人說給對方聽，一流的人要說進對方的哪裡？

如果有人問我「什麼是說明？」我會這麼回答：

「把自己腦海裡的東西安裝到對方的腦海中」。

在對別人說明時，想說明的事就在自己的腦海中，但是還不存在於對方的腦海中，所以才需要說明，而且是能讓這件事在對方的腦海中浮現的說明。

特別是在人前說明時，有沒有這個意識會大幅影響說明的品質。因為聽眾有許多人，如果你的說明不能像電影畫面出現在螢幕上一樣，就無法一次傳達給許多人。

所以我要教大家一個好方法，也就是**「現場表演法」**。

看字面意義就知道，這是一個在現場表演的方法。如果是要說明經驗談，就是這種感覺。

「二十歲時父親對我說的話，我至今還銘記在心。他是這麼說的：『理沙，爸爸希望妳有個不後悔的人生，所以妳就去做自己想做的事吧。』

然後他又接著說，『不管別人說什麼，爸爸永遠站在理沙這一邊。』因為爸爸的這句話，我才能一直充滿自信地向前邁進。」

『　』的部分就模仿父親說話的樣子演出來，這樣就可以讓聽眾腦海中浮現你們父女倆正在會話的樣子。

以說話維生的人常說要好好學習單口相聲。

因為單口相聲師傅就是現場表演的專家。不論是古典相聲還是新式相聲，段子中常會出現許多角色，相聲師傅會說得好像這些角色正在你面前交談一樣。

請大家務必看看YouTube大學中田敦彥先生的影片。那就是一連串的現場表演，多的時候甚至會出現十個以上的角色。而這麼多角色都由中田先生一個人扮演。

人類習慣靠視覺取得資訊。從早上起床到晚上上床睡覺，期間一直睜開雙眼，用雙眼取得資訊。因為習慣這麼做了，理解也很快。

所以訴諸視覺很有效。

那麼要說明數字或圖表時又該怎麼做呢？沒有人會登場啊！這種時候還是用現場表演法。

前輩常對新人說，當你說「有三個重點」時，就用手指也比出「三」。這就是訴諸視覺的做法。

當你說「營收目標一兆日圓」時，豎起食指更能傳達給聽眾了解。

要說明圖表變遷時，當你說到「去年相較於前年為百分之百，持平」時，就將雙手水平攤開，說到「今年已經恢復到百分之一百二十了」時，就以左手為百分之百，右手為百分之一百二十，然後略抬高右手，傳達出有成長的感覺。

在人前說明時，只是說給對方聽，無法把自己腦海裡的東西安裝到對方的腦海中。重點就在於要讓對方腦海中浮現影像。

當說者和聽者腦海中浮現相同影像時，很有趣地，說明就開始能傳達給對方了。

一流的說明表達

一流的人
會說進對方的腦海裡。

✔ 用現場表演法
讓對方腦海中浮現影像。

商品說明

三流的人不理解商品，二流的人說明商品功能，一流的人怎麼說？

大家覺得業績長紅的業務員會對客戶說明什麼呢？

這是很重要的問題。因為這個答案不只可用在業務，當你在公司內部提案、在公司外部提出呼籲，或希望某人起而行時，如何說明才有效的關鍵也在這裡。

我先說結論。業績長紅的業務員不說明商品，他們會花費心思說明未來。因為只有當一個人覺得購買後的未來有價值時，才能觸動他的購買慾望。

例如廂型車的電視廣告不會說很多細節，如「這輛車馬力多少、省油又耐久……」等內容，而是會播放爸爸載著小孩出門的影像，而且看起來十分歡樂。

這種廣告就不是說明商品，而是說明購買後的未來。

說到業務界的傳奇，當然不能不提到Japanet前社長高田明先生。他的說明曾創下電視購物一天賣出一萬台電視機的紀錄。

他賣的商品最令人驚訝的是天然水。電視上出現群山環繞的清流，清流看起來很清涼，流水清澈透明，好像連人心都獲得淨化了。

然後他就開口了：

「真想用手舀起來喝一口啊！」

接著他又說：

「我們會將這個天然水裝在寶特瓶中，送到您府上。」

到這個階段，明明都還沒拿到商品，聽眾就已經陷入自己用手舀起清流暢飲的清涼氣氛了。讓聽眾能對未來有如此明確的想像，這就是一流的話術。

高田明社長退休後，Japanet營收仍持續成長了一．三倍。這應該是因為這種商品說明話術已經成為公司內部的基因了吧。

那麼要說明未來，又該如何做呢？

有一個一流人材會使用的魔法問題，問題簡單到讓人不敢相信，就是「那麼做的話會變成什麼樣子呢？」這就是讓聽眾想像未來的強有力問題。

「如果買了這台車，你想載小孩去哪裡呢？」
「如果這個問題解決了，你覺得可以實現什麼事呢？」
「如果學會這項技術，你想嘗試哪些挑戰呢？」

透過發問，讓聽眾腦內的螢幕浮現未來的樣子。然後再進入收尾，「要不要用這個商品得到那樣的未來呢？」

不只是業務員，在公司內部提案時，也要徹底說明「實施這個方案，公司會有什麼改變」。當那樣的未來浮現在聽眾腦內的螢幕上時，聽眾就會動起來了。

一流人材的想像力真的很豐富，他們會描繪出栩栩如生的未來。那是因為他們相信眼前的人的可能性，而且希望能對那個人的未來有所貢獻。這樣的想法，正是他們描繪美好未來的原動力。

一流的說明表達

一流的人
會說明購買商品後的未來。

讓對方想像富饒的未來。

問答時間

三流的人聽到問題就呆住，二流的人當下努力掩飾，一流的人怎麼處理？

對客戶簡報、在董監會議上提案、說明某件事後，一定會有的最後一個步驟，那就是「問答時間」。這或許是整場簡報中最困難的部分。因為你不知道對方會提出什麼問題。

美國心理學家諾曼・H・安德森（Norman Henry Anderson）提倡**「近因效應」**，也就是「人容易受到最後接觸到的資訊影響」，而問答時間就是在最後。

所以成功的問答會讓人覺得「這是一場很棒的說明」，萬一失敗了，說不定會被人烙印成「真是莫名奇妙的說明」。

所以這裡要告訴大家讓問答時間成功的方法。

問答時間會出現的問題可以分成兩種。一種是**「因為有疑問而發問」**，另一種則是**「因為反對而發問」**。

假設你在公司內部提案「銷售新電腦」。等到你的說明告一段落，就進入問答時間了。

「因為有疑問而發問」就是字面上的意思，為了消除疑問而提問，如「你有多少把握？」、「通路呢？」等等。

而「因為反對而發問」則是表示「難以苟同」的提問，像是「以前也有過類似的東西吧？」、「真的有需求嗎？」等等。

疑問只要釋疑就好，但對於反對的人，就需要能讓他信服的回答。如果搞混了這兩種問題，就算你拚了老命回答，也找不出對方想要的答案。

所以我們可以**先擬出可能的問答**。所謂可能的問答，就是事前先想好「可能會有人這麼問吧？」並準備好解答。

因為有疑問而發問，以商品說明為例，大概會針對規格、操作方法、成本、上市時程等提問。把這些問題找出來，自問自答，做好答問的準備。

至於因為反對而發問，簡單來說就是持反對意見。很多人都很不擅長應付這種問題。所以也要事前找出會被反對的要素。

我們建議的方法，是**從天使和惡魔的觀點去進行「一人會議」**。天使就是肯定的想法，而惡魔則是否定的想法。

天使：「本次商品挑戰業界最輕量商品。」

惡魔：「為什麼最輕量就會暢銷？」

天使：「去年營收成長最大的商品就是輕量型。」

惡魔：「〇公司的電腦不過是中輕量，卻賣得很好不是？」

像這樣自己否定自己的提案，然後事先準備好針對否定意見的回答。這就是最重要的關鍵。提案人一般就是因為自己覺得好才會提案，不會去預想會被否定而準備說明內容，所以才需要惡魔的聲音。

為什麼一流人材總是看起來說得很有自信？那是因為他們已經做好準備，可以冷靜地回答各式各樣的問題。自信不是無中生有。自信的根源在於你花了多少時間和工夫。

一流的說明表達

一流的人
拿出準備好的答案。

✔

將可能的問答準備到最好。

CHAPTER

5

遠距、電子郵件的說明

遠距說明的開場

三流的人讓氣氛尷尬，二流的人直接進入正題，一流的人怎麼開始？

現在遠距交談的機會真的越來越多了。疫情以前我在全日本飛來飛去，舉辦研討會、研習，進行面談，光是出差費一年就超過兩百萬日圓，現在則是零日圓，我完全沒有踏出過東京一步。可是我和人交談的機會卻遠勝於疫情之前，因為現在可以藉助科技的力量，輕鬆遠距交流。

近一年來每天我都遠距和許多人交談、說明，這種機會越來越多。我因此發現「遠距說明的開場有兩種情形」。

① 先閒聊一下再進入正題比較好的情形；

② 直截了當進入正題比較好的情形。

關鍵就在於如何區分①、②。

其實**只要在一開始說時，先「試水溫」就知道了**。以下就是一些例子。

「大家好，非常感謝大家今天撥出時間來給我。最近天氣真的是越來越熱了哦。」

「現在是不是遠距交談的機會比較多呢？」

「外出的機會是不是明顯變少了？」

然後看看對方對這樣的一、兩句話的反應。

如果對方的反應是「對啊～」就先用一些話暖場後再進入正題，這樣對方比較能放鬆，也更容易把你的說明聽進去。

如果閒聊太久了，你可以說「不好意思在這麼熱鬧的時候打斷大家，不過大家的時間很寶貴，所以接下來就讓我進入正題吧。」然後開始你的說明。

如果對方只回了「嗯，喔」，聽起來不太有反應時，就直接進入正題吧。

當然有些人本來就不擅長交談，沒什麼反應，即使如此還是直接進入正題吧。說太多反而可能讓對方討厭。

先試水溫看看對方反應，然後選擇對方想要的方式。

那不就和面對面交談時一樣？有人可能會這麼想。沒錯，你的想法是對的。然而面對面和遠距，二者能取得的資訊量卻有天壤之別。

面對面交談時，你還可以透過現場的氛圍、聲調高低等，活用視覺、聽覺、體感去取得對方的資訊。

遠距就不是這麼回事了。你很難感受到對方周遭的氛圍，也可能因為視線不交會而難以了解對方的表情，或是訊號不穩定、聽不到對方聲音等等。總之就是難以掌握對方狀態。所以更需要試水溫，觀察對方反應。

遠距交談比面對面更需要用心，重視掌握對方狀態的能力。

進入說明前的關懷，一定會大幅影響後續的說明。

一流的說明表達

一流的人配合對方出招。

✔

進入說明前先試水溫，仔細觀察。

說明的
進行方法

三流的人說明沒有進度，二流的人單方面說明，一流的人怎麼說？

本公司在疫情開始後，已舉辦過一千次線上研討會、研習。這些經驗告訴我們**「遠距活動很難專注到最後」**。

耳麥雜音很吵、中途聽不到聲音、訊號不穩定畫面停格，有太多讓人無法專心的要素。如果是在自己家裡，可能會有狗叫聲，或快遞按電鈴……。面對面交談不會出現的狀況，線上交談都可能會發生。

如何才能讓對方持續專注地聽你說明呢？

那就是「一起來」。亦即像陪跑一樣，一起來推動說明。

持續單方面說明，就會受到前面提到的通訊、聲音、環境問題影響，聽眾的專注力很快就會中斷。所以也必須讓對方儘量說話。

具體的方法有三種：

第一種方法就是用提問催生會話。

「我今天要談的是〇〇，您有沒有什麼特別在意的地方？」

「我覺得重點在於〇〇，您覺得還有沒有其他的重點呢？」

像這樣在說明途中加入問題。

第二種方法就是取得共識後再會話。

「到目前為止，有沒有不清楚的地方？」

「沒有的話我就接下去說了哦。」

就像是馬拉松賽跑的休息站一樣，取得共識後再接著進行。

第三種方法就是讓對方安心，更容易引起會話。

「如果有不懂的地方，請隨時告訴我。」

「如果有問題，請儘量提出來。」

用這些說法營造出隨時都能會話的氛圍。

如果是同時對很多人說明時，又該怎麼辦呢？結論是一樣的，就是邊會話邊說明。雖說是會話，倒也不必一定要有來有往。

「到目前為止，有沒有不清楚的地方？」、「這種情形讓人很困擾吧？」「如何呢？」、「是不是也可以這麼想呢？」

這些問題並不一定要有人回答，但丟出這些問題，確認對方點頭等反應後再接下去說，這就稱為「一人提問」。

光是丟出這樣的問題，就有如真的在會話一樣，可以讓在場的人一起推動說明。

此外，**視線交會也是一種會話**。看著電腦螢幕說話，無法和對方的視線交會，必須看著相機才行。一直盯著相機說話可能很難，不過至少定期將視線對準相機，進行眼神交流，這也是一種溝通。

連對方的專注力都列入考量，這就是一流人材的水準。一流人材的說明，說穿了就是以聽眾為優先考量。

一流的說明表達

一流的人用會話型說明。

活用提問、共識、安心，
一起推動說明。

畫面的使用方法

三流的人只用口頭說明，二流的人只用資料說明，一流的人怎麼做？

遠距交流也有許多優點，像是「隨時可連線」、「可和各式各樣的人說話」、「不需要移動」等。其中，「瞬間可共享資料」對說明來說，更可是劃時代的進步。

或許有人覺得面對面時只要分發資料，就可以共享。但這不一樣，最大的差別在於「聽眾的視線」。

面對面時，當你分發資料後，幾乎所有人都會低頭看手邊的資料，甚至有人也不聽你說了，只顧著翻閱資料。

但是遠距交流時，當螢幕上出現資料，大家的視線都在畫面上。也就是說，大家的視線同時看著資料和講者。

這個特點當然值得我們好好利用。

光用資料說明真的太可惜了，**我們應該充分活用「資料＋表情＋動作」來說明。**

在學校上課時，大家有沒有一直盯著黑板上的文字看，看著看著就想睡的經驗？有趣的課堂通常都伴隨著老師的表情和動作。不是只有黑板，而是在講台上的老師活潑的舉動，才能讓課堂不那麼枯燥。

「光靠資料說明」vs靠「資料＋表情＋動作」來說明，很明顯地一定是後者獲勝。

要將遠距交流的特點活用到極限，就要百分之百使用畫面，這是唯一重點。

當聽眾專注在資料時，就是以資料為主的說明時間。

當聽眾大致理解後，就是以表情或動作為主的說明時間。

想讓聽眾留下印象時，就先停止共享資料，故意以表情或動作為主的說明時間。

然後再次分享資料。用這種方式讓畫面出現變化。

本公司在研討會或研習時，也會交替運用以下三種方法說明。

- 以資料為主的說明。
- 以表情或動作為主的說明。
- 故意只用表情或動作來說明。

疫情開始後，我們集中全日本的講師，做了多次線上練習。結果大家學會了不停地切換畫面的技巧，讓觀眾好像在看電視一樣。

賈伯斯在新商品發表會上，會充分活用舞台、投影片、表情、動作所有要素來說明。這也是一樣的道理。一成不變的說明容易讓人看膩，所以遠距交流必須百分之百活用畫面，做出變化。

一流人材會充分運用他所能使用的所有資源，因為這樣更容易讓聽眾了解。充分活用，全力傳達，這樣的熱情說明一定可以掌握住聽眾的心。

一流的說明表達

一流的人
會百分之百活用畫面說明。

✔

在畫面中做出變化。

說明時的
突發狀況

三流的人手忙腳亂無法處理，二流的人想當場處理，一流的人怎麼處理？

「網路斷線了」、「聽不到聲音」、「畫面停格了」，怎麼辦啊……。

這些都是線上會議常見的突發狀況。說明時難免會出現通訊問題，從某個角度來看，這是先天失調，問題在於狀況發生時如何處理。

發生突發狀況時，一流人材不會慌慌張張，而是冷靜沉著。為什麼他們能保持冷靜呢？因為這些狀況早在他們「預想範圍內」。

以下介紹一個真實案例。

這是以前我擔任面試官時實際發生的事。當時我要面談的對象電腦出問題，我完全聽不到他的聲音。這可是在面試啊，想當然爾他一定很緊張焦慮。可是這位面試者卻不一樣。

「對不起，可以請您等我三分鐘嗎？」

然後三分鐘過去，我就聽得到他的聲音了。

我問他：「你怎麼解決這個問題的？」結果他說：「為了以防萬一，我有準備另一台電腦待命。」

真不簡單，他竟然會想到要事先多準備一台電腦。因為他的因應方式太棒了，再加上他處變不驚的態度，我就決定錄用他了。現在他可是公司裡十分重要的人材。

發生突發狀況也能沉著地繼續說明，關鍵就在於「有事先預想到」。那麼事先我們可以做什麼預想呢？

① 聽不到聲音

設定很容易出問題。如果使用耳麥，問題也可能出在耳麥身上。建議大家要先做好準備，可能發生什麼問題、該如何解決。就算問題出在對方身上，如果事先做好準備，也可以給對方解決問題的建議。

②畫面停格

這幾乎都是通訊問題。換個環境或是等一下，有時就能解決這個問題。

當對方的畫面停格時，如果你一直問「可以看到嗎？」、「我聽得到！」、「哈囉哈囉！」對方也會因此心焦。所以在通訊恢復正常前，就帶著微笑耐心等候吧。

③有奇怪的空白時間（斷斷續續地）

這主要也是通訊問題。如果持續很久，就重新連線吧。

有時中途斷線，會忘了已經說到哪裡了。問題在於恢復連線時，如果一恢復連線就立刻開始說明，會不知道對方聽到哪裡了。所以先確認一下「請問你聽到哪裡了呢？」從那裡開始接著說明吧。

過去我在京瓷稻盛和夫名譽會長經營的盛和塾中，多次聽到講師叫我們要「悲觀地計畫，樂觀地執行」。以會出問題為前提做好事前準備，正式上線時隨機應變。在人生大大小小的場合，這句話都惠我良多。

發生突發狀況時，只要是人就會焦急。所以更要以會發生狀況為前提，做好準備。只要沉著冷靜，不管遇到什麼狀況應該都可以繼續說明。

一流的說明表達

一流的人
會事先準備因應對策。

事先想好
如何解決可能發生的問題。

用電郵說明

三流的人寄出冗長的電郵，二流的人寄簡短有整理過的電郵，一流的人寄哪種電郵？

寄發電郵時，你有沒有什麼特別的巧思？

我先說結論，其實就是要整理重點，簡短扼要。這兩點都很重要。

可是光做到這兩點還不夠。因為一個人一天會收到五十封、甚至一百封電郵，光要看完這些電郵就要花很多時間精力。

收信人一定希望儘可能減輕自己的負擔。所以他們會期待寄信人這麼做：

第一就是「具體載明你到底希望對方做什麼」。

寫一大堆，看到最後還是不知道怎麼做才好。雖然寄信人已經整理過內容，但收信人看完還是不知道「那我該怎麼辦？」這種電郵十分令人困擾。

所以一定要在主旨的欄位，載明「希望對方怎麼做」。

【請○○】、【確認○○】、【諮商○○】→明確載明希望對方做什麼的例子。

【通知○○】、【聯絡○○】、【共享○○】→只要讀信就好的例子。

第二就是「內容要能讓人簡單回覆」。

舉例來說，「你覺得如何呢？」、「你有什麼想法？」這種大哉問叫人必須從頭思考，會衝擊對方大腦。

讓人不用想太多的電郵範例如下：

「我有三個提案，分別是這個、這個和那個，我建議採用第一個提案，可以嗎？」

這麼寫對方就可以用YES、NO來回答。就算答案是NO，也因為有可以討論的原案，更容易回答理由。

「本次我想採用○○。如果大家有什麼問題，歡迎提出來。」

這樣寫的話可以比較具體的回覆，如「否」、「我擔心這裡」之類的回答。因為有○○的具體材料，比較容易具體回覆。

第三就是「一次解決」。

來回多次的電郵只會加重負擔。

「我已經把報價單寄給〇〇商事了，正在等他們回覆。」

「他們大概什麼時候會回覆？」

「他們說大約一週。」

「你覺得成交機會大嗎？」

「我覺得不算差。」

「不算差的意思是？」

這種問一次答一個，幾度來回的電郵……。原本你就應該先告訴對方他想知道的事才對。

現在溝通工具很多，如聊天室、LINE、網路聊天軟體等。如果因為很方便，順手就發出訊息，也沒考慮到對方的負擔，那就等於是搶劫了對方的時間。麥肯錫的分析顯示，商務人士平均**花百分之二十八的工作時間處理電郵。**寄出「不造成對方負擔，深思熟慮後的電郵」，有助於對方擠出時間。

一流的說明表達

一流的人會寄出
減輕對方負擔的電郵。

寄出內容具體、簡單明瞭、
一次解決的電郵。

條例摘要說明

三流的人用一般文章說明，二流的人用一般條例摘要說明，一流的人用哪種條例摘要說明？

條列摘要可以用在許多地方。除了會議資料、簡報資料外，也很適合用在電郵和社群網路中。偶爾我們會看到很冗長的文章，如果能用條列摘要的方式書寫，一目瞭然，對方應該會很高興。不過條列摘要也有一流、二流、三流之分。

首先請看以下例文。這是要向主管報告訪問顧客的結果。

【三流】

我去拜訪了○○商事。他們公司員工之間溝通並不順暢，尤其是管理階層常打斷下屬的話，或是別人講到一半就插入自己的意見，不聽別人說話。管理階層原本應該多聽聽第一線人員的心聲，可是這些聲音進不了管理階層的耳朵，所以希望管理階層能好好聽別人說話。下次我會提出管理階層研習計畫，七月二十三日（週五）將再去拜訪他們公司。

【二流】（○○商事訪問結果）

- 員工之間溝通並不順暢。
- 尤其是管理階層常打斷下屬的話，或是別人講到一半就插入自己的意見。
- 管理階層原本應該多聽聽第一線人員的心聲。
- 希望管理階層能好好聽別人說話。
- 我會提出管理階層研習計畫。
- 下次訪問時間七月二十三日（週五）。

【一流】（○○商事訪問結果）

○現狀問題

- 員工之間溝通並不順暢。
- 管理階層常打斷下屬的話，或是別人講到一半就插入自己的意見。

○因應對策

- 讓第一線人員的心聲更容易上達。
- 讓管理階層好好聽下屬說話。

○今後流程

- 提出管理階層研習計畫。
- 下次七月二十三日（週五）訪問。

要讓條列摘要更容易懂，要注意三個重點：

第一就是要分類。分類成現狀問題、因應對策、今後流程後，看起來更像是經過整理的文章，而且可以立刻確認自己在意的地方。

第二就是一行控制在三十字左右。近年來的新聞媒體標題，主流就是三十字左右。Google的搜尋結果顯示也設定為二十九字。可知一個人能瞬間理解的字數大概就是三十字左右。

第三就是每類大約三條即可。就算有分類，如果每一類都寫上十條甚至二十條，也沒人想看。所以「●」很多時就再分類吧。

秒速掌握全貌，想知道的事自動映入眼簾。這就是讓人願意去讀的條列摘要。不偷工減料，費心為對方考慮，這才是一流人材的說明。

一流的說明表達

一流的人寫出
讓人願意去讀的條列摘要。

用想知道的事
自動映入眼簾的方法書寫。

CHAPTER

6

成為說明達人的心得

未來的說明

三流的人的說明大家都會，二流的人用ＡＩ也會的說明，一流的人怎麼說？

ＡＩ的發展勢如破竹。只要有困擾，ＡＩ都會提供我們解決對策，我想這樣的時代已經逼近我們眼前了。

那麼在溝通的領域呢？已經有人開發出語言處理ＡＩ了。當這種技術成熟後，就會出現待客機器人，為大家說明最佳服務。

說不定未來就會是一個「說明都交給ＡＩ」的時代。

然而ＡＩ也有缺點，也就是很難同步考量到人的情緒做出判斷。**人說出口的話，有時並不是字面意義。**

「他雖然努力裝得很有精神，可是看起來就是有點不太一樣。」

「他嘴巴上那樣說，心裡想的完全不同。」只有人才能掌握對方的這種情緒。

在情緒分析的領域，的確也有許多AI的研究。也就是根據聲音、表情來判斷一個人心情的系統。然而這些判斷結果也是根據過去的數據演算而出。眼前的人現在是不是真的那樣想，只有直接面對面的人才知道。

「我是沒什麼事啦。」

「你沒事就好。」

當你接到這種來電時，對方這麼說的背後一定有某些不一樣的情緒。人當然比機器人更擅長察覺這種細微情緒的變化。

掌握對方的情緒，也就是本書的中心思想。

「什麼是對方期待的說明。」

「什麼是超出對方期待的說明。」

以對方為起點去思考如何說明。這就是我最想告訴大家的事。

溝通的本質就是要站在對方的立場去實踐，一流人材看得到這種本質。

那麼該如何實踐站在對方立場的溝通呢？

那就是「經驗」。我想這兩個字就代表一切。

和各式各樣的人談話溝通，經歷許多傷人、被別人傷害、好事和壞事，藉此打磨自己掌握對方情緒的能力。

有人以為要學會業務技巧再去拜訪客戶，其實並非如此。要多去拜訪客戶之後，業務技巧才會變好。說明也是一樣的道理，不是等到很會說明之後再去說明，而是因為多多說明，所以技巧才會變好。

掌握眼前的人的情緒，進行說明。能夠到達這個程度，一定可以實現ＡＩ難望其項背，有血有淚的真正會話。

一流的說明表達

一流的人
說明時能掌握對方情緒。

✔

累積經驗，打磨掌握情緒的能力。

說明無法傳達時

三流的人開始焦躁，二流的人持續地徹底說明，一流的人怎麼做？

「不管說幾次，他就是聽不懂……」你可能也有過這樣的經驗吧。例如不論說明幾次，對方還是持續犯相同的錯誤，或者是明明很盡心盡力地說明，對方卻好像在神遊，根本沒在聽。這實在是讓人無法接受。

發生這種事時，只要是人，難免會有情緒，可能會焦躁不安，或者是只能咬牙忍耐，繼續客氣地仔細說明。

不過對一個討厭讀書的小孩，持續地叫他「要好好讀書」，也不過是白費力氣，甚至可能因為強迫他讀書而出現反彈。

這種時候的特效藥就是不要說明。

暫時先放棄說明，好好聽聽對方怎麼說。

為什麼一直犯相同的錯誤呢？為什麼無法專心呢？無法接受的地方在哪裡？凡事一定有原因，就算只有五分鐘，也應該全心全意地找出原因。

本校有多位有執照的諮商心理師，他們學習諮商時，一開始就會被要求一定要落實一件事，也就是「傾聽」。為了理解對方，必須徹底打磨自己的傾聽能力。

說到傾聽，有人可能覺得太被動，其實並非如此。**所謂傾聽，其實也是在傳遞「我正在聽」的訊息**。換言之，就是兼具接收與傳遞的行為。這才是傾聽。

我剛出校門的第一份工作，那家公司已經在二〇〇四年於東證一部上市，可是二〇〇八年就停業了，而且因此解雇了兩千位員工，當時弄出不小的風波。

我是負責處理停業的團隊成員，為了向員工說明停業的來龍去脈，我和主管跑遍全日本。即將失去飯碗的員工極為憤怒，「你開什麼玩笑！」、「你們說一套做一套！」真的是罵聲不斷，會場就是一團混亂。

然而主管卻十分鎮靜。對於這些此起彼落沒有間斷的罵聲，他首先徹底地聆聽，慢慢地會場的罵聲停了，終於靜下來了，最後也成功地讓員工聽我們說話。

很多人常勸別人「要聽對方說」，然而這真的是一件難到極點的事。我長期浸淫在教育界，到底有多少人可以全心全意地傾聽別人說話呢？我幾乎沒看過這種人。我自己也一樣，還在修行中。

所以我才希望大家一定要磨練傾聽能力。光是這麼做，你的稀有價值就可以爆增數倍。

人有互惠原則，也就是一方為另一方提供幫助或給予某種資源時，後者有義務回報給予自己幫助的人。

當你真的無法讓對方理解你時，就仔細聆聽對方的話吧。這麼一來，下一步就是對方聽你說話了。

一流人材把聽和說當成一組行為。這是因為他們的目的不僅僅是「告知」，而是要讓對方「理解」。對方理解了才算是你的說明成功了。因此他們不排斥暫時先放棄說明。

一流的說明表達

一流的人
會暫時先放棄說明。

傾聽對方的話，
找出對方不理解的原因。

說明的
巧妙程度

三流的人覺得自己說得很爛，二流的人覺得自己很會說，一流的人怎麼想？

「我很擅長說明」、「我覺得自己算會說的」，這種人的說明通常都很難讓人聽懂。

說得好不好到底是由誰來決定的呢？不用說自然是聽的人。而且說得好不好的定義也會因人而異。

雖然如此，如果過度自信覺得「我很會說」，就會發生自己明明覺得「我的話對方應該都聽懂了」，結果「對方根本不懂」的鴻溝，而且自己還毫不自知。

以前我擔任面試官時，曾發生過這種事。

有一個人自己表示「我擔任講師十年了，我很習慣說話」。

我問他：「過去你曾對別人怎麼說，今後又想傳達什麼給別人呢？」

他十分努力地對我說明。五分鐘過去了，十分鐘過去了，然後二十分鐘，他還在繼續說。我雖然聽到最後，但我還是不懂他到底要說什麼。

我想他絕對不是一個特例。

像我們這樣的講師，工作時常常就是不停地說，所以更危險。因為當你很習慣說話時，常常就會有一種錯覺，覺得別人都聽得懂自己的話。

前職棒選手鈴木一朗即使已經是打擊王了，仍每年調整自己的打擊姿勢，這件事非常出名。就算一切都很順利，他仍持續研究改善對策。這件事告訴我們他力求更上一層樓的態度。

異度代理公司（CyberAgent Inc.）社長藤田晉的口頭禪是「DAKAIZEN」（打開＋改善）。他持續重複打開局面與改善的驚人執念，讓身為創業者的我們也覺醒了。比起他們，我們真的還差得遠了。

自覺並改善，這就是一流人材的日常。

說明也一樣，要先自覺到自己的說明是在什麼水準，這就是改善的第一步。

那麼如何才能有自覺呢？

有一個好方法，也就是**觀察對方的動作。**

當你傳達了什麼後，對方如果有採取什麼行動，那就可以說他把你的話聽進去了。

舉例來說，「我們就來試試那個專案吧！」、「我要買那個商品！」、「我一定要這麼做！」，這也就是對方起而行了。

反之如果對方的反應是「我們會考慮的」、「有機會的話」、「我會列入參考」，那就表示你想傳達的內容，或許對方並未理解。

將成功傳達定義成對方起而行。

這是門檻極高的設定，也正因為如此才有努力的價值。

話說得好不好由對方決定。以對方的動作為判斷的基準，對自己的說明力有所自覺，然後加以改善。

按照這個流程一直追求下去，自然可以培養出能打動對方的說明力。

一流的說明表達

一流的人認為，
說明的巧妙程度由對方決定。

✔

將成功傳達定義成對方起而行。

說明自己

三流的人不了解自己，二流的人說明自己是什麼樣的人，一流的人怎麼說？

你能說明自己到什麼程度？

我想大家在日常生活中，應該有很多機會去說明「自己是什麼樣的人」。

但是其實還有更重要的說明，也就是說明**「希望自己是什麼樣的存在」**。

例如「我是一個公務員，性格溫厚，溫柔體貼，喜歡聽別人說話……」這相當於是「自己是什麼樣的人」的部分，以汽車來說就相當於是零件。

透過這些零件，「我希望自己成為溫暖人心的存在」。這就是說明希望自己是什麼樣的存在，也就是推動一個人前進的引擎。

超人力霸王是擊退怪獸的英雄，這是零件。

而「希望成為為人類帶來和平的存在」，這就是超人力霸王的引擎。我想這一定是他心裡所想。

想成為什麼樣的存在？那正是一個人的軸心。

沒有軸心的陀螺不會轉。棒球或高爾夫的揮棒動作，如果軸心偏離，球也飛不出去。這些都是一樣的道理。人生只有一次，要全力揮棒不留遺憾，自然必須有軸心。

管理學大師史蒂芬．柯維（Stephen Covey）的大作，全球熱銷三千萬本以上的《與成功有約：高效能人士的七個習慣》中，有一個章節是「以終為始」，開宗明義就寫道：「你希望在喪禮上追述你生平的人，怎麼描述你及你的一生？」

請大家想像一下。以下是兩種奠文：

第一種奠文如下，「〇〇先生很會賺錢，住豪宅開進口車戴名錶，他的人生羨煞旁人。」

第二種奠文則是「你總是全心全意地鼓勵我們。當我露出疲憊的表情時，你總是面帶微笑鼓勵我『你沒問題的』。你就像是我的太陽。」

哪一種人生才是最棒的人生呢？我想應該是後者吧。

- 成為影響他人人生的存在。
- 成為給他人希望和勇氣的存在。
- 成為讓人覺得幸福的存在。

我想你一定也希望擁有這樣的人生。

比起「自己是什麼樣的人」，「希望自己是什麼樣的存在」更為重要。找出希望自己是什麼樣的存在，並且不斷地學習、挑戰、累積經驗，讓自己更上一層樓。這就是最後我要給大家的訊息。

我由衷希望你說明了自己是什麼樣的存在後，能帶給更多人希望，讓更多人都能有美好的人生。

一流的說明表達

一流的人會說明
希望自己是什麼樣的存在。

✔

找出自己是什麼樣的存在，
並不斷地精進。

結語

非常感謝您耐心讀完本書。

我想讀完本書，大家應該已經了解「一流人材用更高一層的水準說明」，以及「每個人都能學會這種技巧」。

能深入人心的說明有具體的法則，而且這些法則出乎意料地簡單。如果大家讀完本書後能掌握這些法則，那就是我至高無上的喜悅。

最後我要告訴大家一個提升說明力的訣竅。

那就是「百分之一行為治療」。

所謂行為治療，就是藉由改變行為以改變結果的手法。

百分之一指的是不用全部執行，只執行其中一種的方法。

舉例來說，當你看到眼前堆了十本參考書，你大概心都涼了吧。此時把其中九本移出視野範圍外，只拿起一本讀一行看看。

如果去健身房運動六十分鐘讓你覺得很痛苦，那就試著去健身房舉一次啞鈴就好。

開始讀了一行，然後再一行，接著又一行。舉一次啞鈴如果不過癮，那就舉五次，再來舉十次。

沒錯，就是這樣讓引擎慢慢加速。

從百分之一左右的一點點小事開始，這就是「百分之一行為治療」。

本書說明了四十五種方法。

首先請你先選出一種。

然後實踐看看。

你一定可以感受到成果，然後再執行一種，接著又一種。

等到發現時，我想你的說明力應該已經精進到公司內沒人可以跟你相提並論的水準了。

送君千里終須一別。

最後一節我提到要說明「希望自己是什麼樣的存在」。其實這一節是我在撰寫本書時第一個著手的章節。因為人生不能重來，我覺得這是最神聖的說明。

請大家務必摸索出自己是什麼樣的存在，並且能對旁人說明，然後讓自己進一步昇華。

在這個過程中，我希望你能充分體會到你之所以為你的真意。

很害怕說明的人、常被主管罵的人、喪失自信的人，不要擔心。拿起本書的你已經開始覺醒了。

人是可以改變的，就從這一瞬間開始。

我由衷希望你有一個精彩豐富又戲劇化的人生。

桐生稔

ideaman 151

一流、二流、三流的表達術

不論對象是誰，都能讓人了解並產生共鳴的45個訣竅

原著書名——説明の一流、二流、三流
原出版社——有限会社明日香出版社
作者——桐生稔

譯者——李貞慧
企劃選書——劉枚瑛
責任編輯——劉枚瑛
版權——吳亭儀、江欣瑜、林易萱
行銷業務——黃崇華、賴正祐、周佑潔、華華

總編輯——何宜珍
總經理——彭之琬
事業群總經理——黃淑貞
發行人——何飛鵬
法律顧問——元禾法律事務所 王子文律師
出版——商周出版
台北市104中山區民生東路二段141號9樓
電話：(02) 2500-7008　傳真：(02) 2500-7759
E-mail：bwp.service@cite.com.tw
Blog：http://bwp25007008.pixnet.net./blog
發行——英屬蓋曼群島商家庭傳媒股份有限公司城邦分公司
台北市104中山區民生東路二段141號2樓
書虫客服專線：(02)2500-7718、(02) 2500-7719
服務時間：週一至週五上午09:30-12:00；下午13:30-17:00
24小時傳真專線：(02) 2500-1990；(02) 2500-1991
劃撥帳號：19863813　戶名：書虫股份有限公司
讀者服務信箱：service@readingclub.com.tw
城邦讀書花園：www.cite.com.tw
香港發行所——城邦(香港)出版集團有限公司
香港灣仔駱克道193號超商業中心1樓
電話：(852) 25086231傳真：(852) 25789337
E-mailL：hkcite@biznetvigator.com
馬新發行所——城邦(馬新)出版集團【Cité (M) Sdn. Bhd】
41, Jalan Radin Anum, Bandar Baru Sri Petaling,
57000 Kuala Lumpur, Malaysia.
電話：(603)90563833　傳真：(603)90576622
E-mail：services@cite.my

美術設計——copy
印刷——卡樂彩色製版印刷有限公司
經銷商——聯合發行股份有限公司 電話：(02)2917-8022　傳真：(02)2911-0053

2023年（民112）3月2日初版
定價350元　Printed in Taiwan　著作權所有，翻印必究
ISBN 978-626-318-569-2
ISBN 978-626-318-585-2（EPUB）

國家圖書館出版品預行編目(CIP)資料

一流、二流、三流的表達術：不論對象是誰,都能讓人了解並產生共鳴的45個訣竅/桐生稔著；李貞慧譯. -- 初版. -- 臺北市：商周出版：英屬蓋曼群島商家庭傳媒股份有限公司城邦分公司發行, 民112.03　224面；14.8×21公分. -- (ideaman；151)　譯自：説明の一流、二流、三流
ISBN 978-626-318-569-2 (平裝)
1. CST：人際傳播　2. CST：説服　3. CST：溝通技巧　177.1 112000157

商周出版

廣 告 回 函
北區郵政管理登記證
台北廣字第000791號
郵資已付，免貼郵票

104台北市民生東路二段 141 號 B1

英屬蓋曼群島商家庭傳媒股份有限公司
城邦分公司

請沿虛線對摺，謝謝！

商周出版

書號：BI7151	書名：一流、二流、三流的表達術	編碼：

請於此處用膠水黏貼

商周出版

讀者回函卡

線上版讀者回函卡

感謝您購買我們出版的書籍！請費心填寫此回函卡，我們將不定期寄上城邦集團最新的出版訊息。

姓名：＿＿＿＿＿＿＿＿＿＿ 性別：☐男 ☐女

生日：西元＿＿＿＿＿年＿＿＿＿＿月＿＿＿＿＿日

地址：＿＿＿＿＿＿＿＿＿＿

聯絡電話：＿＿＿＿＿＿＿＿ 傳真：＿＿＿＿＿＿＿＿

E-mail ：

學歷：☐ 1. 小學 ☐ 2. 國中 ☐ 3. 高中 ☐ 4. 大學 ☐ 5. 研究所以上

職業：☐ 1. 學生 ☐ 2. 軍公教 ☐ 3. 服務 ☐ 4. 金融 ☐ 5. 製造 ☐ 6. 資訊

☐ 7. 傳播 ☐ 8. 自由業 ☐ 9. 農漁牧 ☐ 10. 家管 ☐ 11. 退休

☐ 12. 其他＿＿＿＿＿＿＿＿

您從何種方式得知本書消息？

☐ 1. 書店 ☐ 2. 網路 ☐ 3. 報紙 ☐ 4. 雜誌 ☐ 5. 廣播 ☐ 6. 電視

☐ 7. 親友推薦 ☐ 8. 其他＿＿＿＿＿＿＿＿

您通常以何種方式購書？

☐ 1. 書店 ☐ 2. 網路 ☐ 3. 傳真訂購 ☐ 4. 郵局劃撥 ☐ 5. 其他＿＿＿＿

您喜歡閱讀那些類別的書籍？

☐ 1. 財經商業 ☐ 2. 自然科學 ☐ 3. 歷史 ☐ 4. 法律 ☐ 5. 文學

☐ 6. 休閒旅遊 ☐ 7. 小說 ☐ 8. 人物傳記 ☐ 9. 生活、勵志 ☐ 10. 其他

對我們的建議：＿＿＿＿＿＿＿＿＿＿

請於此處用膠水黏貼

Idea man

Idea man

Idea man